Monographien des Instituts für den internationalen Austausch fortschrittlicher Erfahrungen in Paris

---

Die Rolle der Gewalt in den Konflikten des modernen Lebens

Eine Rundfrage von
Professor Dr. R. Broda

Erwiderungen von

Dr. Karl v. Amira, Professor an der Universität München. **Pierre Baudin**, Marineminister, Paris. **M. F. Buisson**, Mitglied des französischen Parlaments. Baron **d'Estournelles de Constant**, Senator, Paris. **Emile Flourens**, ehem. Minister des Auswärtigen, Paris. **Dr. August Forel**, ehem. Professor der Universität Zürich. **Dr. Osman Ghaleb Bey**, Kairo. **Dr. Sakunoshin Motoda**, Tokio. Abbé **Paul Naudet**, Paris. **Dr. Julius Ofner**, Mitglied des österreichischen Reichsrats. Geheimrat **Dr. Wilhelm Ostwald. Engelbert Pernerstorfer**, Vizepräsident des österreichischen Abgeordnetenhauses. **Dr. Charles Richet**, Professor an der Universität Paris. **Dr. Scié-Ton-Fa**, Präfekt von Nanking. **Dr. N. R. af Ursin**, ehem. Vizepräsident des finnischen Landtages. **Dr. Angelo Vaz**, Mitglied des portugiesischen Parlamentes. **Paul Descamps**, Paris, u. a.

Berlin 1913
Druck und Verlag von Georg Reimer

Sonderabdruck aus den

Dokumenten des Fortschritts

Organ des Instituts für den internationalen
Austausch fortschrittlicher Erfahrungen

IN den verschiedensten Sphären des modernen Lebens scheint uns überall dort, wo Gegensätze nach Entwirrung ringen, eine Antithese stets klarer hervorzutreten: die nämlich zwischen einer Entscheidung durch das Recht des Stärkeren (sei es auf dem Wege physischer, sei es auf dem wirtschaftlicher Gewalt) und einer Schlichtung, die höheren Billigkeitsgesichtspunkten entspricht.

Dieser Gegensatz beherrscht die Beziehungen zwischen den Völkern: Sollen ihre Konflikte durch den Krieg, der den Stärkeren zum Siege führt, oder durch einen internationalen Schiedsgerichtshof nach Regeln des Völkerrechts geordnet werden?

Die gleiche Frage schwebt über den Gegensätzen der sozialen Klassen: Sollen Streik und Aussperrung, über alles Gemeininteresse hinweg, der stärkeren ökonomischen Gruppe augenblicklichen Vorteil geben — oder sollen höhere Gesichtspunkte, durch das Gesetz oder industrielle Schiedsgerichtshöfe vertreten, die Lohn- und Arbeitsbedingungen regeln? — Die Problemstellung ist in beiden Fällen genau die gleiche; die Lösung scheint uns für beide identisch zu sein, wenngleich dies heute noch von fast jedermann in paradoxer Weise verkannt wird, wenngleich gerade manche der wärmsten Freunde des Schiedsgerichtsgedankens, leidenschaftlichste Gegner des Krieges, sonderbarerweise den Streik, der ja eine organisch durchaus wesensverwandte Form ist, billigen. Andere wieder verurteilen den Streik, aber sie preisen den Krieg zwischen den Völkern als Jungbrunnen neuer Kraft.

Diesem Chaos der Meinungen gegenüber schien es uns von Wert, durch eine Nebeneinanderstellung beider Probleme die notwendige Identität beider Gesichtspunkte erkennen zu lassen und zu zeigen, daß eben in beiden Fällen die Frage auf dem Spiel stehe, ob die Menschheit sich ihrer inneren Notwendigkeiten hinreichend bewußt geworden ist, um sich dem blinden Walten des Daseinskampfes, der ihre tierischen Vorgänger wie auch ihre eigenen Anfänge beherrschte, zu entziehen und ihre Angelegenheiten planvoll zu ordnen.

Aus diesem Wunsche heraus schien es uns entsprechend, die Frage: „Gewalt oder Schiedsgericht" einer größeren Anzahl von berufenen Vertretern der verschiedenen Klassen und Völker vorzulegen.

Um noch umfassender zu sein, glaubten wir drei andere Probleme, mit den beiden Hauptfragen indirekt verwandt, gleichfalls zur Diskussion stellen zu sollen: Die Fortentwicklung der sozialen Verhältnisse durch Gesetz oder Revolution, die Schlichtung von Ehrenkonflikten durch Schiedsgericht oder Duell, die Sühnung von Verbrechen durch geordnete Justiz oder Selbsthilfe (Lynchjustiz). Wohl waren wir uns darüber klar, daß viele Persönlichkeiten etwa die Selbsthilfe in der Form des Duells und der Lynchjustiz verwerfen, in der Form des Streiks oder der Revolution befürworten, in der des Krieges ablehnen würden und umgekehrt. Aber gerade der subjektive Zwang, nach allgemeineren Gesichtspunkten für die Motivierung dieser verschiedenen Beantwortung einer wesensverwandten Frage zu suchen, schien uns geeignet, manchen Trugschluß aufzudecken und dem Vorurteil zu begegnen.

Es erschien uns auch von Wert, diese scheinbar einander fernen Probleme zusammenzufassen; gerade weil sie zum Teil verschiedenen Entwicklungsepochen der Menschheit angehören und weil die Lösung der einfacheren Probleme bzw. die nahezu völlig erzielte Einstimmigkeit ihrer Beantwortung zur Erkenntnis führen dürfte, daß auch die schwierigeren bzw. einer späteren, in die Zukunft hineinragenden Entwicklungsepoche angehörigen Problemstellungen dereinst ebenso rein gelöst werden würden.

Wir denken da speziell an den Gegensatz zwischen geordneter Rechtspflege und Lynchjustiz, von dem wir voraussahen, daß die erdrückende Mehrheit aller europäischen Persönlichkeiten, denen die Frage vorgelegt werde, sich auf den Boden der in Europa abgeschlossenen Geschichtsentwicklung stellen, der geordneten Gerichtsbarkeit den offenbar verdienten Vorzug geben würde. Demgegenüber darf natürlich nicht vergessen werden, daß gerade dieses Problem für das Mittelalter das dornigste aller sozialen Probleme gewesen ist, daß Jahrhunderte sich vergebens um eine dauerhafte Treuga Dei, um einen Ersatz des Faustrechts durch allgemeine Gerichtsbarkeit bemühten, daß die Wahrung der Gerichtshoheit über Konflikte zwischen den Einzelnen damals genau so als Utopie angesehen wurde wie heutzutage die Herstellung einer Gerichtshoheit über den Völkern.

Es darf auch nicht vergessen werden, daß in den Südstaaten der amerikanischen Union die Lynchjustiz gegenüber den Negern noch heute auch von den kultiviertesten, sozial höchststehenden Kreisen der weißen Bevölkerung als eine Notwendigkeit, als eine — der angeblich zu langsamen ordentlichen Gerichtsbarkeit überlegene — Maßnahme gepriesen wird. Naturgemäß muß jede Analyse dieses paradoxen Standpunktes zu größerer Klarheit über die Wichtigkeit der Gegenargumente führen, die für ordentliche Gerichtsbarkeit sprechen — und damit indirekt die Schlagkraft des gleichen Gedankens, wenn auf Konflikte zwischen sozialen Klassen und Völkern angewendet, darlegen.

Aus all diesen Gesichtspunkten heraus schien es uns von Wert, eine internationale Rundfrage über die Rolle der Gewalt in den Konflikten des modernen Lebens zu veranstalten und deren Ergebnisse gleichzeitig in den Dokumenten des Fortschritts und den Documents du Progrès zu veröffentlichen. Bei der Aussendung der Fragebogen wurde vor allem darauf Rücksicht genommen, nicht nur alle philosophischen und soziologischen Standpunkte, sondern auch alle spezifischen Kompetenzen bezüglich Beurteilung der einzelnen Teilprobleme und alle von spezieller geschichtlicher Tradition diktierten Anschauungen der verschiedenen Völker des Erdkreises zu sammeln. Daß sich aus dieser Nebeneinanderreihung der verschiedenen Ansichten irgendwelche präzise Mehrheitsbildung zugunsten des Prinzips ordnender Gerechtigkeit ergeben werde, war allerdings durch die Art und Weise der Veranstaltung ausgeschlossen; dem Leser muß es selbst überlassen bleiben, aus dem Gegensatze all dieser Gesichtspunkte, aus der Widerlegung der Gewalttheorie des einen in dieser Sphäre durch die Theorie des andern, der sie für seine eigene Sphäre beibehält, für die des ersten aber von sich weist, die entsprechenden logischen Schlüsse zu ziehen.

Immerhin sei ausdrücklich darauf hingewiesen, daß die Gesichtspunkte, welche der Redaktion dieser Zeitschrift vorschweben, nur in diesen einleitenden Worten wiedergegeben werden, daß wir uns jedoch weder mit irgendwelchen der einander widerstreitenden Meinungen der von uns befragten

Persönlichkeiten noch mit den Folgerungen am Schlusse der Rundfrage solidarisch fühlen können.

Nach Feststellung dieser notwendigen Gesichtspunkte ist es uns eine angenehme Pflicht, unseren Zoll aufrichtigsten Dankes jenen Persönlichkeiten darzubringen, welche uns in aufopfernder und uneigennütziger Weise in der schwierigen Arbeit der Enquête unterstützt haben, vor allem Herrn Is. Polako-Paris, der sich durch die Anordnung unserer Fragebogen, durch die Auswahl der zu befragenden Persönlichkeiten unter den Vertretern aller ideellen Strömungen, unter den an irgendeinem der Teilprobleme speziell interessierten Personenkreisen, das entscheidende Verdienst an der Sammlung so vieler bemerkenswerter Ansichten erworben hat; ferner Herrn Descamps, welcher durch seine Ordnung der eingelaufenen Antworten, durch die kritische Analyse derselben in seinem Schlußworte vermöge der exakten Methode der von ihm geleiteten Société de la Science Sociale unsere Problemstellung klärte und vertiefte. Ferner danken wir all den vielen Freunden von nah und fern, welche uns durch Nennung der für Versendung unserer Bogen in Frage kommenden Persönlichkeiten bzw. durch Beantwortung unserer Fragen einen großen Dienst geleistet haben.

Im nachfolgenden sei zunächst der Text des Fragebogens und seien daran anschließend die einzelnen Antworten in peinlicher Wahrung von Inhalt und Form der einzelnen Thesen mitgeteilt.

Für die Redaktion der Dokumente des Fortschritts,

R. Broda.

Text der Rundfrage.

Wenn wir das Leben der Völker und der Menschen überschauen, können wir uns der Erkenntnis nicht verschließen, daß die Gewalt in ihren verschiedenen Formen (als Krieg, Streik und Duell) immer wieder zur Entscheidung der Konflikte, die zwischen den Nationen, den sozialen Klassen und den Menschen selbst entstehen, berufen wird. Wir glauben, daß es von wesentlichem Interesse wäre, die Ansicht berufener Personen darüber kennen zu lernen, ob diese Rolle der Gewalt als eine wohltätige angesehen werden kann, ob wir mit Darwin den Kampf ums Dasein als wesentlichen Hebel jedes Fortschritts betrachten müssen, oder ob es vielmehr möglich und ratsam wäre, andere Mittel und Wege zur Entscheidung aller Konflikte zu suchen, die Gewalt als Schiedsrichterin durch gesetzliche Einrichtungen zu ersetzen.

Von diesem Gedanken ausgehend erlauben wir uns, Ihnen die nachstehenden Fragen zu unterbreiten:

1. Erscheint Ihnen die Gewalt: Krieg,
Revolution,
Streik,
Lynchjusti,
Duell,
usw.

als das beste Mittel zur Entscheidung ökonomischer, politischer und persönlicher Streitpunkte?

Wenn ja:

2. Welches sind die Vorteile für die Gesamtheit, welche die Wertzerstörung, die offenbare Schädigung der einzelnen durch die oben genannten Akte aufwiegen?

Wenn nein:

3. Welche Formen der Regelung durch Schiedsgerichte oder andere Arten gesetzlicher Entscheidung schlagen Sie zum Ersatze der Gewaltmittel vor?

Wir legen die gleiche Frage berufenen Vertretern aller Nationen, aller Klassen, aller politischen und geistigen Strömungen vor und haben die Absicht, die Antworten derselben in zwei Bänden, deren einer in deutscher, deren anderer in französischer Sprache erscheinen wird, zu veröffentlichen.

Wir erlauben uns, an Sie die Bitte um freundliche Antwort an unser Hauptbureau: 59, Rue Claude-Bernard, Paris, zu richten und lassen Ihnen völlige Freiheit, ob Sie über alle obengenannten Punkte oder nur über einige derselben, ob Sie in eingehender Ausführung oder in knapper Präzisierung antworten wollen.

Antworten.

Dr. Osman Ghaleb Bey, früh. Dekan der medizinischen Fakultät an der Universität Kairo:

Statt einer direkten Antwort möchte ich bloß meine Auffassung der Frage im allgemeinen wiedergeben. Meine Ausführung dürfte ein Widerspiel der Empfindungen sein des Volkes, das mich gezeugt hat: eines selbstbewußten Volkes, das in fremdem Joch schmachtet.

In meiner Jugend glaubte ich an die Gerechtigkeit und Moral der modernen Zivilisation; alt und erfahren, wie ich jetzt bin, bemerke ich Heuchelei und die Begierde nach Vergewaltigung des Schwächeren bei jeglichem Eintreten für menschliche Interessen.

England, das als einer der zivilisiertesten und moralisch höchststehenden Staaten der Erde gilt, ist gleich ein Beispiel dafür. Sein Werk ist es, aus den Kindern eines Landes, dem es „die Zivilisation bringen" will, Sklaven zu machen und eine einige Bevölkerung unter sich in Parteien zu spalten und gegenseitigen Haß zu säen.

Auch alle andern europäischen Staaten — wo immer sie kolonisieren — machen es so.

Im Innern der „zivilisierten "Staaten herrscht genau dasselbe Übergewicht des Stärkeren, und es ist noch dazu durch Sitte und Gesetze geheiligt.

Ich glaubte ehedem an eine friedliche Lösung der Frage meines Landes; heute halte ich sie für ausgeschlossen, leider! Ist die Politik nicht ein Gewebe von Lug und Trug in der Hand des Stärksten? Alles schrumpft zusammen in eine Machtfrage unter einem Mantel gefälschter Moralität.

In jenen zivilisierten Ländern, wo die ausgebeutete Klasse dazu gelangt ist, sich wenigstens zu organisieren, wird den Ungerechtigkeiten der Oberklasse durch planmäßige Gewaltmaßregeln von unten gesteuert.

In unseren unglücklichen Gebieten, wo der Ausländer Herrscher ist, gibt es eine derartige Organisation nicht. Um die Völker sich dienstbar zu machen, hält man sie ja in völliger Uneinigkeit. Wollten sie sich rühren, wären Kugeln aus den Geschützschlünden der Okkupationsarmee und denjenigen ihrer verblendeten Landesbrüder die Antwort. Um uns also zu verteidigen oder besser, um uns zu rächen, sind wir angewiesen auf jene Formen der Gewalt, die von den Machthabern als unmoralisch hingestellt werden.

Wenn z. B. eine Armee eine ganze Bevölkerung hinmetzelt zur Strafe, daß sie ihr Land verteidigt oder nach Gerechtigkeit gerufen oder eine freiheitliche Konstitution verlangt habe, so heißt dieses Schlachten: die Ordnung und Ruhe wiederherstellen. Wenn in der Empörung sich eine Hand bewaffnet und einen Tyrannen niederstreckt, heißt das Meuchelmord und Feigheit.

Ich muß den Schluß ziehen, daß meiner Überzeugung nach die Gewalt unter ihren verschiedenen Formen vorläufig der einzige wirksame Faktor zur fortschrittlichen Entfaltung der sozialen Organismen ist: vor allem bei der Lösung so schwerwiegender Probleme, wie die Befreiung unterdrückter Völker eines ist.

Wird es hierfür niemals friedliche Wege geben? Die Zukunft allein kann es lehren. Jedenfalls glaube ich an solche niemals für lange Zeit.

Die Wahl einer Spezialform der Gewalt hängt von den Umständen, dem Milieu, den Stärke- oder Schwächeverhältnissen ab, von der Solidarität und Einigkeit der einzelnen Teile einer Gesellschaft oder endlich ihrer durch den Ausbeuter lebhaft geschürten Zwietracht.

In diesem allgemeinen, doch ungleichen Kampfe darf die Opferung der Einzelnen nicht zählen. Es wird stets Verluste auf beiden Seiten geben, die billigeren selbstverständlich auf seiten des Stärkeren; aber der Schwächere darf sich doch niemals für überwunden geben angesichts der Vielfältigkeit der ihm zu Gebote stehenden Gewaltmöglichkeiten. Vielleicht aus bloßer Ermüdung am Kampfe wird der Stärkere schließlich nachgeben? ....

In diesem Kampf um Freiheit, Unabhängigkeit und Gerechtigkeit muß das Wort des arabischen Dichters uns gegenwärtig sein: „Der Mensch muß leben für das Glück anderer, und der Krieger muß siegen, damit der Ruhmeslorbeer von den kommenden Geschlechtern gepflückt werde."

* * *

Dr. Gustav Ratzenhofer, Gmunden:

Zwei Mittel standen seit jeher Individuen und sozialen Gruppen für ihre Zwecke zur Verfügung: Vertrag und Gewalt. Kompromiß und Gewalt sind die Formen aller Politik. Ob dieses oder jenes Mittel zur Anwendung gelangt, dafür ist maßgebend das Grundgesetz aller menschlichen Tätigkeit, nämlich das ökonomische Prinzip, den angestrebten Erfolg mit dem geringsten Opfer zu erreichen. Kampfkosten und der Preis friedlicher Vereinbarung werden gegeneinander abgewogen und danach entscheidet sich die Frage: Krieg oder Frieden?

Wenn arme Nomaden auf reiche Stämme stießen, die zur Teilung gern bereit waren, gab es für sie nur ein Mittel, sich in den Besitz der erstrebten Kulturgüter zu setzen: die Gewalt. So ist Gewalt als Mittel der Interessenbefriedigung eine durchaus natürliche Erscheinung, die aus dem Tierreich über das Leben der Urmenschen in die Kultur hereinreicht.

Die Kultur schafft neue Kampfpreise und neue Kampfmittel, fördert also zunächst die Gewalt. Anderseits führt die Verstandesentwicklung dazu, den wertezerstörenden Kampf dort zu vermeiden, wo sein Ausgang vorhersehbar ist: es wird ein Kompromiß auf der Basis des wahrscheinlichen Kampfergebnisses geschlossen. Die Kriege sind seltener geworden, nicht nur, weil sie bei höherer Kultur härter empfunden werden, sondern weil es zum Vergleich der gegenseitigen Kräfte nicht erst der Schlacht bedarf. So entstand der bewaffnete Friede.

Die Gewalt ist und bleibt aber eine dauernde Funktion des sozialen Lebens. Staat und Rechtsordnung, Schöpfungen der Gewalt, können ohne Gewalt nicht bestehen. Im Innern hängt die Zivilisation von der bewußten Gewaltanwendung der sozialen Autorität zugunsten der Gesamtinteressen gegen die Gelüste der Gewissenlosen ab. Denn es wird immer Menschen geben, die ihren Vorteil ohne Rücksicht auf ihre Umgebung suchen. Die Gesellschaft kann darum der Polizei und des Strafrechts nicht entbehren. Ja, es ist anzunehmen, daß sich die Gesellschaft, welche den Kampf gegen sozialfeindliche Individuen heute mit wenig Energie und mit minimalem Erfolge führt, sich noch zu weit stärkeren Gewaltmitteln wird aufraffen müssen als bisher. Die Fähigkeit zu energischer Gewalt auf sittlicher Grundlage ist eine Fundamentalforderung der Zivilisation. Denn der Kampf für die Freiheit der Rechtlichen wird dank der Skrupellosigkeit der Gesellschaftsschädlinge stets ein Gewaltkampf sein.

Aber auch für Gewaltanwendung im großen, die Kriege, sind dauernde Gründe vorhanden. Die Interessengegensätze der Kulturvölker auf dem Gebiete der Wirtschafts- und Bevölkerungspolitik sind reine Machtfragen.

Bei untergeordneten Konfliktsanlässen mag das Interesse der Wertschonung dazu führen, den Streit durch Vertrag oder Unterwerfung unter einen Schiedsspruch zu schlichten. Aber keine Moral und kein historisches Recht wird einen Stärkeren dazu bewegen, auf einen sicheren Erfolg gegen einen schwächeren Gegner zu verzichten, oder einen Schwächeren dazu bewegen, vitale Interessen zu opfern, so lange Gewaltanwendung noch einen Erfolg verheißt.

Ja, es ist von dem Gesichtspunkte der Menschheitsentwicklung moralischer, durch Gewalt eine Neuordnung der staats- und völkerrechtlichen Beziehungen zu schaffen, statt Zustände, die dem natürlichen Kräfteverhältnis widersprechen, aufrechtzuerhalten. Denn auf dem Siege des Gesunden, Kräftigen über das altersschwache historische Recht beruht der sittliche und kulturelle Fortschritt.

Innere und äußere Ordnung, der Rechtszustand und das friedliche Konzert der Mächte beruhen schließlich auf derselben Wurzel: auf der realen Macht, die zu ihrem Schutze bereitsteht. Langjährige friedliche Übung läßt Gewaltanwendung entbehrlich erscheinen und im Verein mit andern psychologischen Momenten ein Rechtsgefühl entstehen, das der Friedensordnung eine selbständige Autorität zuschreibt. Aber der praktische Staatsmann wie der Soziologe weiß den Schein vom Wesen zu trennen. Den Verlust der Wehrkraft würde ein Kulturvolk mit seiner Ausschaltung aus dem Kreise der respektierten Völker, die zivilisierte Menschheit mit dem Triumph anarchischer Unkultur bezahlen.

Die Fragen des Rundschreibens sind nach den österreichischen Soziologen Gumplowicz und Ratzenhofer zu beantworten wie folgt:

I.

Die zur Gewaltanwendung bereitstehenden Kräfte sind die einzigen natürlichen und inappellablen Mittel zur Entscheidung politischer Streitpunkte, zu denen insbesondere auch wirtschaftliche Differenzen zwischen den Staaten gehören. Daran können weder Humanität und moralischer Fortschritt noch die Ansichten der Gelehrten oder der weitesten Kreise über die Eignung der Gewalt zur Entscheidung von Streitpunkten etwas ändern;

denn die politischen Kräfte wirken wie alle andern Naturkräfte unabhängig von menschlichen Theorien.

Allein mit steigender Kultur wird die wirkliche Anwendung der Gewaltmittel immer seltener, weil das wirtschaftliche Prinzip dazu drängt, das voraussichtliche Kampfergebnis vorwegzunehmen und friedliche Verträge auf der Basis des Kräfteverhältnisses zu schließen. 1. In der äußeren Politik wird die Existenz verschiedener Nationen, welche durch wirtschaftliche und rassenmäßige Zusammenfassung rivalisierende Einheiten mit verschiedenen Traditionen und verschiedenen Interessen geworden sind, die Bedeutung der Kriegsrüstung als ultima ratio so lange erhalten, als es verschiedene Nationen gibt. 2. Im Innern des Kulturstaates soll die kollossale Überlegenheit der öffentlichen Autorität über die Feinde der Ordnung jeden Kampf als aussichtslos ausschließen. Die Erhaltung dieser Kraftüberlegenheit, im Notfalle die Ausnutzung derselben im Interesse des Gemeinnutzens ist ein Postulat der Zivilisation. 3. Wenn innerhalb eines Staates das System der überkommenen Rechte der Ausgestaltung zugunsten emporkommender sozialer und wirtschaftlicher Gruppen hartnäckig widerstrebt, kann und wird nur Gewalt oder Gewaltdrohung die Anpassung der Rechte an die natürlichen Kräfte bewirken (fortschrittliche Revolution).

II.

Gewaltanwendung zerstört Kulturwerte. Angst vor dieser Zerstörung ist der Grund des drückenden, waffenstarrenden Friedens. Die Rüstungen entziehen große Wertsummen der kulturellen Arbeit. In dieser Beziehung kann bessere Einsicht in das Wesen der Wehrkraft Erleichterung bringen. Oft wird nämlich durch eine Überspannung der Schlagfertigkeit, d. h. der unmittelbaren Kriegsbereitschaft, die Fähigkeit des Volkes zu dauernden Gewaltanstrengungen beeinträchtigt. Allein in letzter Linie ist Gewalt das einzige Mittel zur Lösung diametraler Interessengegensätze. Nur Gewalt kann entscheiden, welches Interesse zur Befriedigung gelangt und welches schweigen und untergehen muß. Die Kriege bringen nach einem Meer von Jammer eine Neuordnung der Länderkarte, den Sieg des Starken, Lebensfähigen und Lebenswürdigen über das Kranke und Niedergehende. Der Volkskrieg ist Völkergericht. Auch in der Politik ist Kampf ums Dasein Mittel der Auslese und der Entwicklung. Gewaltsame Beseitigung lebensunwürdiger Herrschaftsverhältnisse leitet allen Fortschritt ein. Die Scheu vor der Gewalt zur rechten Zeit ist eine wesentliche Ursache des trägen Verlaufes der Zivilisation.

III.

Nach dem Vorstehenden haben Krieg und Kriegsrüstung nach außen, Gewaltanwendung gegen subversive Tendenzen im Innern und dort, wo die Staaten noch nicht zu einer eine gesunde Entwicklung ermöglichenden politischen Freiheit gediehen sind, sogar die Revolution einen dauernden Wert als Mittel des zivilisatorischen Fortschrittes. Anderes scheint vom Duell zu gelten, der gewalttätigen Entscheidung sogenannter Ehrenhändel zwischen Privaten. Gleichwohl ist auch das Duell nicht ohne zivilisatorischen Wert, insofern es ein Mittel zur Erhaltung der Charaktere ist. Die Existenz kraftvoller Persönlichkeiten ist neben dem Gemeinnutz die zweite Voraussetzung zivilisatorischen und moralischen Fortschritts. Dieser beruht auf einer Verbindung von Sozialisierung der niederen und Individualisierung der höheren Triebe. Es ist nun naheliegend, daß die gesellschaftliche Hilfe zu plump ist, um bei Ehrverletzungen den Anforderungen höchstentwickelter Persönlichkeiten zu entsprechen. Das starke Individuum fühlt das Bedürfnis, die höchste Interessensphäre seines Privatlebens, die Ehre, ohne Einmischung fremder Kräfte durch eigenen Mut zu schützen. Es wäre nicht ohne Nachteil, wenn dem Individuum gestattet wird, sich nach jeder Richtung auszuleben, gleichzeitig ihm zu verwehren, die Verantwortung für sein Handeln mit Einsatz seiner ganzen Persönlichkeit zu tragen.

Unsere Duelle fordern bei weitem nicht so viel Todesopfer als unsere Tunnelbauten. Sie stellen aber ehrverletzende Worte und Handlungen unter die Gefahr des Zweikampfs und fördern so die Respektierung der Menschenwürde, was mehr wert ist als eine Zugsverbindung. Das Duell auf der Basis geläuterter Ehrbegriffe reiht sich daher in das System gemeinnütziger Institutionen.

IV.

Der intellektuelle Verkehr der Nationen und die geistige Bildung der politisch Maßgebenden lehren die Völker fremde Kräfte schätzen und ihre politischen Aspirationen auf das Maß des Durchsetzbaren einzuschränken; hiermit werden Kriege vermieden. Schiedsgerichte und Friedenskongresse vertagen die Streitpunkte, statt sie zu schlichten. Die gehäuften Konfliktsanlässe führen schließlich zu einem katastrophalen Kriege. —

Moralische Bildung und das Ansehen von Ehrengerichten vermögen das Duell zu einem Ausnahmemittel gegen selten gewordene Exzesse zu machen.

* *
*

Jacques Novicow (Odessa) †:

Sie gehen von der Tatsache aus, daß „die Gewalt oftmals berufen sei, die Konflikte zwischen den Völkern, den Klassen und den Individuen zu schlichten". Daß die Gewalt hierzu berufen werde, ist unbestreitbar; aber ob sie ihrer Aufgabe auch gewachsen sei, ist eine andere Frage. Nie und nimmer kann die Gewalt Konflikte regeln, sie kann sie nur hervorrufen und ausdehnen. Die Gerechtigkeit allein verhindert Konflikte.

Ein sozialer Konflikt, eine sogenannte „Frage", ist eine Massenkrankheit. So lange ein Organ im menschlichen Körper anstandslos seine Schuldigkeit tut, so lange wird der Mensch sich dieses Organs nicht bewußt. Erst wenn das Organ nicht mehr richtig funktioniert, wenn ein Schmerz sich einstellt, erlangt es Bedeutung im Bewußtsein. Die aufgeworfene „Frage" und ein pathologischer Zustand sind also verschiedene Namen für wesensverwandte Dinge.

Was von der Gesamtheit der Zellen eines Lebewesens gilt, das gilt auch von der Gesamtheit der Individuen, die einen Staat bilden. Es gibt keine „normannische Frage". Die Normannen werden andern Stämmen des gleichen Landes gegenüber nicht benachteiligt. Alle sozialen Funktionen wickeln sich in der Normandie regelrecht ab. Die Normannen wünschen nicht, sich von ihren Staatswesen abzutrennen, sich zu ihm in politischen Gegensatz zu bringen. Also, sie sind zufrieden mit ihren gegenwärtigen Verhältnissen; diese Verhältnisse sind normale.

Anders ist es mit Elsaß-Lothringen. Eine große Anzahl seiner Einwohner leidet unter seiner gewaltsamen Annexion von 1871. Sie sträuben sich gegen die deutsche Oberherrschaft. Wo aber ein Leiden besteht, liegt Krankheit vor. Und weil Elsaß-Lothringen sich in einem krankhaften Zustande befindet, darum gibt es eine „Elsässische Frage".

Ebenso wenn im Schoß einer Gesellschaft eine Klasse ungerechte Privilegien besitzt, entsteht eine „Frage", da jene, welche diese Vorrechte bezahlen, leiden. Auch hier ein Fall sozialer Krankheit. Ist aber vor dem Gesetze die Gleichheit aller Bürger hergestellt, so leidet niemand mehr durch die Privilegien anderer, die „Frage" verschwindet.

Was vermag die Gewalt? Sie kann die Menschen nur zu Dingen zwingen, die ihrem Willen entgegengesetzt sind. Die Elsässer z. B. wollten sich 1871 nicht von Frankreich trennen. Die Gewalt der Deutschen hat sie dazu gezwungen. Indem jedes Individuum das zu tun bestrebt ist, was in seinem Interesse liegt, so ist die Gewalt nur dazu da, gewisse Individuen in Gegensatz zu ihren Interessen zu bringen. Die Gewalt dient also zur Vergewaltigung, zu sonst nichts. Da aber Vergewaltigung wehtut und eine allgemeine Schmerzhaftigkeit eben einen Konflikt bedeutet, so kann die Gewalt niemals dazu da sein, den Konflikt zu bekämpfen. Wenn hingegen, um eine Differenz zu regeln, eine Vereinbarung gefunden wird, die beiden Parteien annehmbar erscheint, so verschwindet das Leiden auf beiden Seiten zugleich. Der sozialpathologische Fall verschwindet ebenfalls. Gewalt ist hierzu ganz unfähig, denn das Opfer leidet durch sie.

Nun zur Frage selbst:

„Glauben Sie, daß der Fortschritt auf dem Wege der Gewalt am besten erreicht werden könne?"

Fortschritt und Gewalt sind zwei Gegensätze wie Licht und Finsternis. Wo Gewalt ist, ist nicht Fortschritt. Der Fortschritt ist die immer innigere Beziehung des Individuums zur äußeren Welt. Unmittelbar durch die Sinneseindrücke bilden wir uns eine gewisse Vorstellung vom Universum. Wäre der Einklang zwischen der äußeren Welt und dieser Vorstellung ein vollkommener, dann würden wir die ganze Wahrheit kennen, wären allwissend, wären Gott. Doch wohlgemerkt steht jener ungeheuren Zahl von Phänomenen, die das Universum ausmachen, nur der winzige Bruchteil jener Phänomene, die uns zu erkennen gegeben ist, gegenüber. Es besteht daher eine sehr schwache Wechselbeziehung zwischen dem Individuum und der Welt, und das Bild, das wir uns vom Universum machen, entspricht offenbar nur wenig der Wirklichkeit. Jeder Schritt aber, der diese Wechselbeziehung vertieft, ist Fortschritt. Der Gipfel des Fortschritts wäre die Allwissenheit. Jede reine Erkenntnis, die wir gewinnen, ist ein Aufstieg zu diesem Gipfelpunkt.

Nach dieser passiven Wechselbeziehung (die sich von außen nach innen richtet), gibt es auch eine aktive (die von innen nach außen wirkende), die Anpassung des Milieus an die menschlichen Bedürfnisse, d. i. die wirtschaftliche Produktion.

Alle Frühjahre sprießt das Gras von selbst auf den Wiesen, aber der Mensch kann Gras nicht essen. Er sät also Getreide. — Die Winterkälte macht uns leiden. Wir bauen heizbare Häuser. Wir modifizieren förmlich das Klima unseres Planeten damit, wir passen unser physikalisches Milieu unseren Bedürfnissen an. Wenn der ganze Erdball unseren Wünschen gemäß einmal umgewandelt sein wird, wird er weder eine unfruchtbare Steppe noch einen unverwerteten Sumpf mehr aufweisen.

Jede Annäherung zu diesem Höchstpunkte des Reichtums ist Fortschritt.

Die passive (wissenschaftliche) wie die aktive (produktive) Wechselbeziehung zum All können nur durch Arbeit erzeugt werden. Um in der Mathematik, Chemie, Geographie weiterzukommen, muß man arbeiten. Um Getreide, Kleider und Häuser zu haben, muß man arbeiten. Die Gewalt kann also in keinem Falle dem Fortschritt dienen, denn die Gewalt verhindert am Arbeiten. In der Tat, die Gewalt kann sich nur unter zwei Formen vollziehen: der Menschenmord — sei er einzeln, sei er zahlreich — und der Raub (die Aneignung fremden Gutes). Es ist klar, daß, wer umgebracht wurde, nicht mehr arbeiten kann; und wenn einer verstümmelt ist, kann er auch nicht so gut arbeiten wie ein Gesunder. Die Zeit, die Peter braucht, um Paul zu töten, geht ebenfalls der Arbeit verloren. Auch die Zeit, in der Paul sich verteidigt, geht verloren. Das gleiche bei der Verstümmelung, beim Raub.

Man muß bedenken, daß der Menschenmord fast durchwegs die Beraubung zum Ziele hat. So lehrt auch die Erfahrung, daß wachsender Allgemeinreichtum erhöhte Sicherheit bedeutet. Es ist dies eine soziologische Erkenntnis, die keine Ausnahme duldet. Nie und nimmer jedoch sah man eine anarchische Gesellschaft gedeihen. Der Fortschritt steht immer im umgekehrten Verhältnis zur Gewalt. Das trifft auch aus einem andern Gesichtspunkte zu. Der Fortschritt besteht in einer Einwirkung des Menschen auf das physikalische Milieu; die Gewalt aber befaßt sich nicht mit dem physikalischen Milieu; jene Tat heißen wir die Arbeit. Die Gewalt ist eine Einwirkung des Menschen auf den Menschen.

Was manchmal glauben machen will, daß der Fortschritt mit der Gewalt etwas zu tun habe, ist der grobe Irrtum, der den Angriff mit der Verteidigung verwechselt. Wenn zur Sklaverei Gezwungene sich erheben, so mögen sie sich befreien. Man vergesse aber nicht, daß dieser fruchtbaren Gewalt eine andere, verderbliche, vorausgegangen ist. Diese Gewalt ist die erste Tatsache, auf die die Aufmerksamkeit gerichtet sein muß. Es springt in die Augen, daß diese Gewalttat einen vielfachen Fortschrittsverlust bedeutet: den Zeitverlust der A.s, um die B.s zu unterjochen; denjenigen der B.s, um sich zu verteidigen; denjenigen der B.s, um sich zu erheben, und denjenigen der A.s, um dieser Erhebung zu begegnen. Ohne die erste Gewaltübung wäre all diese Zeit der wahren Fortschrittsentwicklung erspart geblieben. Wenn von Gewalt gesprochen wird, muß immer jene eigenwillige gemeint sein, die auf Menschenrechte Jagd macht, nicht jene zweite Gewalt, die eine Antwort auf die erste ist und die Menschenrechte wiederherzustellen sucht. Da aber repressive Gewalt niemals ohne vorausgehende aggressive Gewalt möglich ist, so kann der Satz einwandfrei aufgestellt werden, daß Gewalt und Fortschritt einander feindlich sind.

* * *

Dr. Charles Richet, Professor an der Universität Paris.

Man kann sagen, daß das Prinzip der Gewalt der Irrtum sei. Der Irrtum braucht die Gewalt, um zu regieren; die Wahrheit ist sich selbst genug, sie triumphiert, weil sie die Wahrheit ist. So ist es auch bei aller Gerechtigkeit, die sich durchsetzt, eben weil sie gerecht ist. Nicht daß, wo Gewalt gebraucht wird, immer Irrtum und Ungerechtigkeit sein müßten; aber die Gewalt ist etwas für sich, ohne den mindesten Zusammenhang mit Gerechtigkeit und Wahrheit. Sie gehorcht dem wilden, blinden Zufall und ist das Gesetz des

Stärkeren. Es kommt vor, daß der Stärkere manchmal die Wahrheit und die Justiz vertritt — dies aber nur ganz zufällig, keineswegs prinzipiell. Die Gewalt kann sich im Prinzip auf kein Recht, auf keine Vernunft, auf keinen Vorwand berufen, ihr Sieg vernichtet Wahrheit und Gerechtigkeit, sie kümmert sich weder um Wahrheit noch um Gerechtigkeit.

Die Wahrheit aber triumphiert, weil sie die Wahrheit ist; die Gerechtigkeit triumphiert, weil sie die Gerechtigkeit ist. Wenn wir jemals meinen, daß eine Welt, auf Wahrheit und Gerechtigkeit gegründet, besser sei als eine auf Verrat und Irrtum gegründete, so bedeutet dies die Verdammung der Gewalt; denn die Stärke ist ebensowenig in notwendigem Zusammenhange mit dem, was wahr ist, als mit dem, was gerecht ist.

1. Scheiden wir zuerst den Streik aus der Klasse der Gewaltakte aus. Er ist ganz einfach eine der Formen, unter denen ein Vertrag geschlossen werden kann. Hundert Arbeiter (oder zehn oder tausend oder zehntausend) finden ihren Lohn unzureichend und weigern sich unter dieser Bedingung, weiterzuarbeiten: das ist ihr unbestreitbares Recht, und ich wüßte nicht, durch welches Sophisma man freie Menschen zwänge, gegen ihren Willen zu arbeiten. Ob sie nun Schaden nehmen durch den Streik, ob die Unternehmer sich gegen sie verbinden, ob ihre Rädelsführer sie moralisch tyrannisieren — die materielle Freiheit aller muß doch gewahrt sein: wenn nur die zwischen Arbeitern und Unternehmern eingegangenen Verträge haarscharf beobachtet werden. In diesem Lichte ist der Streik keine Gewalt-, sondern eine Freiheitsbetätigung.

Sollte den Staatsbeamten das Streikrecht gewährt werden, so müßte dem Staat allerdings auch das absolute Recht der Entlassung bzw. Absetzung zustehen, sowie das Recht, im vorhinein von allen seinen Beamten die Streikentsagung zu fordern. Das wäre ein frei eingegangener Vertrag, und ihm darf nicht zuwidergehandelt werden.

2. Die Sabotage ist eine wirkliche Gewaltmaßregel, und zwar eine sehr schlimme, die niemand verteidigen kann. Strengere Gesetze als bisher, sollten gegen sie erlassen werden. Ein Arbeiter, dem man ein Instrument anvertraut, ist wie der Wächter eines Schatzes, der mit seiner Ehre dafür haftet. Jeder Vertrauensmißbrauch aber ist schändlich.

3. Die Lynchung ist ebenso unwürdig wie die Sabotage. Es ist die Verdammung ohne Untersuchung, das Gericht ohne Urteil. Einem Individuum, das vielleicht unschuldig ist, wird die Möglichkeit, sich zu reinigen, geraubt. Wenn die Sabotage Verrat und Niedertracht ist, so ist die Lynchung die brutale Rechtsverweigerung. Es ist der Triumph der blinden Wut, die, ohne zu sehen und zu hören, zuschlägt.

4. Das Duell ist selbstverständlich von allen Gewaltakten der harmloseste. Erstens zählt er ja nur wenige Opfer. Abgesehen von unglücklichen Zufälligkeiten, ist das Duell eher komisch als tragisch. Jenen jungen Elegants, die damit ihrer Ahnengalerie einen Tribut zu zahlen wähnen, ist es nicht gut zu verwehren, so lange die Soziologie den Aristokratismus nicht überhaupt überwunden hat.

5. Die Revolution ist reine Gewalt und daher vom Übel.

Es gab allerdings Epochen, wo das Recht kein Gewicht besaß, wo die Völker konstitutionslos, stimmlos auf Gnade und Ungnade ihren Oberen preisgegeben waren. Damals und noch heute in dergleichen Fällen ist die Revolution das einzige Mittel, das Joch abzuschütteln.

Man müßte aber auch genau umzirkeln, wo der Ausdruck Revolution zutrifft. Der 9. November 1799 war Revolution und Bonaparte war der Schuldige. Der 2. Dezember 1851 war Revolution und wieder durch einen Bonaparte. Für den 27. Juli 1830 ist der Uraufrührer nicht so klar festzustellen. War es Karl X., der die Verordnung erließ, oder das Volk von Paris, das die Charte mißverstand? Wurde die Revolution vom 4. September 1870 durch den Zusammenbruch bei Sedan gerechtfertigt? Nein! Alle diese ungesetzlichen Ausschreitungen können nicht verteidigt werden. Sowie eine Nation (durch ihre Abgeordneten) eine Konstitution angenommen hat, kann diese Konstitution nicht mehr durch einen Gewaltakt niedergeworfen werden. Und dies muß laut verkündet werden, damit das Reich der Sicherheit und des Friedens nicht vor den Hirngespinnsten einiger Besessener zunichte werde. D i e G e s e t z m ä ß i g k e i t m u ß g e w a h r t w e r d e n. Es ist eine der ungeheuerlichsten Phrasen der Geschichte — und das will viel sagen —, dieses geflügelte Wort von Napoleon III.: „Ich habe die Gesetzlichkeit mit dem Rechte vertauscht."

6. Der K r i e g ist, was seine Folgen anbelangt, die schwerste, blutigste, unmenschlichste aller Gewaltausschreitungen.

Er ist die barbarische, sinnlose Vernichtung. Nichts rechtfertigt ihn, als eine überlebte Tradition des Menschenmordes und der Verhöhnung aller Moral. Und ihm kann nur eine einzige Entschuldigung werden, die nämlich: daß die menschheitlichen Gesellschaften von jeher kriegerisch waren. Übrigens habe ich so oft sowohl das groteske als auch das scheußliche Antlitz der Kriegsgöttin gezeichnet, daß ich mich hier nicht zu wiederholen brauche.

Um zusammenzufassen: Wenn wir den Streik, der eine ganz legitime Verteidigungsform, und das Duell, das vom sozialen Standpunkt bedeutungslos ist, weglassen, so bleiben diese vier verabscheuenswürdigen Gewaltmaßregeln: der Krieg, die Revolution, die Sabotage und die Lynchjustiz.

Gegen Sabotage und Lynchjustiz genügt eine gute Polizei. Wenn in unseren Tagen nicht eine falsche Menschenfreundlichkeit den Verbrechern soviel Nachsicht angedeihen ließe, wäre es mit Sabotage und Lynchjustiz vorbei. Bleiben Revolution und Krieg. Aber die Revolutionen sollten eigentlich mit einer wirklich liberalen Staatsregierung, in der alle Bürger Stimmrecht besitzen, unvereinbar sein.

Ernsthaft bleibt also für die Zukunft nur das Problem des Krieges. Dies der böse Feind, der uns bedroht, auch wenn er nicht entfesselt ist. Sogar in Friedenszeiten bringt er vielen Verderben und Betrübnis. Und was das schlimmste ist, er trägt das Gepränge des Tugendhaften zur Schau. Es ist Raub und Mord unter dem Deckmantel von Patriotismus, Energie und Umsicht. Dem Kriege müssen alle diese Beschönigungen genommen werden. Er hat nichts zu tun mit Patriotismus, nichts mit Energie, nichts mit Wachsamkeit. Er ist ganz einfach Lüge und Mord.

Um ihn zu besiegen, braucht es nur einer kleinen Tat. Schon gibt es ein internationales Tribunal. Seinen Schiedssprüchen muß Gesetzeskraft verliehen werden. Der internationale Schiedsspruch muß obligatorisch sein. Wenn diese Verpflichtung einmal festgelegt sein wird, werden die Waffen von selber sinken, es wird zu großen und mörderischen Kriegen einfach nicht mehr kommen; die Zivilisation wird ihren Weg in Frieden verfolgen; die Fortschritte werden sich unendlich verschnellern.

* * *

Universitätsprofessor Dr. Michael Mayr, Reichsrats- und Landtagsabgeordneter, Innsbruck.

Jede Gewalt muß durch wahren Fortschritt in Form gesetzlicher Einrichtungen allmählich beseitigt werden.

* * *

Dr. Wilh. Ostwald, eh. Professor an der Universität Leipzig.

Die Gewalt in allen ihren Formen ist das primitivste und daher roheste und unzweckmäßigste Mittel zur Erledigung von Willensgegensätzen zwischen Einzelnen oder Gruppen. Nach dem Grundsatze des maximalen Güteverhältnisses der transformierten Energie, der für alle menschlichen Handlungen das maßgebende Ideal ist, muß daher überall die Gewalt durch bessere Formen des Ausgleiches ersetzt werden. Diese besseren Formen kennzeichnen sich durch entsprechende Verminderung der Energievergeudung und treten in doppelter Gestalt auf. Nämlich 1. vorgängige Schaffung von Rechtsverhältnissen (z. B. Verträgen und dergleichen), durch welche Willensgegensätze tunlichst vermieden werden; 2. Schaffung von Instanzen gemeinsamen Vertrauens (Schiedsgerichten und dergleichen), durch welche entstandene Willensgegensätze ohne Anwendung von Gewalt ausgeglichen werden.

Eine günstige Selektion durch Krieg und dergleichen ist nicht vorhanden, dagegen eine ungünstige, weil die gewaltsamen und dem Recht abgeneigten Naturen durch den Krieg und seine Folgen begünstigt werden.

* * *

Dr. Julius Ofner, Mitglied des österreichischen Reichsrats, Wien.

1. Lynchjustiz und Duell sind unbedingt verwerflich. An ihre Stelle hat die gerichtliche (oder ehrenamtliche) Untersuchung und Ahndung zu treten.

2. Krieg, Revolution und allgemeiner Streik sind nur als letzte Notwehr gestattet: „Wenn der Gedrückte nirgends Rat kann finden“ (Schiller). In solchem Fall aber sind sie berechtigt. Der Sklave darf und soll sich befreien. Das Menschentum ist das höchste Gut. Solche äußerste Mittel sind aber stets mit schweren Übeln, mit Blut und Thränen verbunden. Sie sollen also nach Möglichkeit verhütet werden.

3. Zur Verhütung sollen Schiedsgerichte, Einigungsämter, im Staate aber konstitutionelle Freiheiten bestehen, welche es dem Verletzten gestatten, seine Klage vorzubringen und welche so eingerichtet sind, daß die Klage unbefangen geprüft und gewürdigt wird. Die Versuche hierzu waren bisher ungenügend, haben aber doch gezeigt, daß die Aufgabe nicht völlig undurchführbar ist. Sie ist jedenfalls des Schweißes der Edlen wert, die sich dadurch nicht abschrecken lassen dürfen, daß die Geschichte leider zeigt, daß sich die im Besitze von Macht und Vorrechten Befindlichen bisher nur durch Gewalt, nicht durch eigene Einsicht zur Nachgibigkeit bestimmen lassen.

* * *

Deshumbert, Prüfungskommissär, London.

Der Daseinskampf war in primitiven Epochen ein notwendiges Übel, weil er das einzige Mittel war, worüber die Natur verfügte, um die Tatkräftigsten, die Stärksten und die Klügsten auszulesen. Dieser Kampf führte den Fortschritt herbei. Aber seit den ältesten Zeiten machte sich auch der Trieb zu friedlichem Zusammenschluß geltend. Von jener Epoche, da unsere wilden Ahnherren noch in kleinen Gruppen von Familien oder Stämmen lebten, sagt Darwin: „Wenn zwei primitive Stämme, die im gleichen Lande lebten, aufeinanderstießen, siegte endlich immer derjenige Stamm, der die größere Anzahl tapferer, treuer und aufopfernder Männer hatte, immer bereit, sich von drohender Gefahr gegenseitig zu benachrichtigen, einander beizuspringen. Wurde ein solcher Stamm doch von einem andern besiegt, so mußten dessen Glieder in noch höherem Grade diese moralischen und sozialen Eigenschaften besessen haben."

Wir sehen also, daß selbst in jenen grauen Vorzeiten die Einigkeit schon eine gewisse Rolle spielte. Der Mensch ist nun zivilisiert genug, daß diese Einigkeit sich in ihrer ganzen Stärke entfalten könne. Das heißt soviel, als daß wir nicht mehr unsere Zuflucht zur Gewalt nehmen müssen, um die Streitigkeiten zwischen Völkern, Klassen und Individuen beizulegen. Ehemals lagen die Städte untereinander in Streit, jeder kleine Edelmann führte mit seinen Nachbarn Krieg. Dies ist vorbei. Die Gewalt hat immer weniger zu sagen. Der Fortschritt, der in der Vergangenheit sich mehr oder weniger automatisch vollzog, weist uns ganz genau die Bahnen, die die Menschheit verfolgt, das Ziel, dem sie zustrebt. Wir fangen instinktiv zu begreifen an, daß das Schiedsverfahren eigentlich das einzig logische Mittel ist, um Konflikte zu regeln. Es bleibt nur noch ein Schritt übrig: die Nationen zu gewöhnen einzusehen, daß es ehrenvoll sei, sich in aller Einfalt den Sprüchen des Schiedsgerichtes zu unterwerfen.

* * *

Manuel Ugarte, Mitglied des argentinischen Parlaments:

Zu unserer Zeit und im Lichte der Ideen und Gefühle, die uns erfüllen, kann die Gewalt nur als eine veraltete Ausdrucksform der sozialen Energie und Vitalität gewertet werden.

Dennoch ist nicht zu verkennen, daß dieser Prozeß, mit der Zeit gehend, eine Entwicklung durchgemacht hat, und daß er im 19. und 20. Jahrhundert in neuen oder früher wenig bekannten Anwendungen zur Geltung kam. Statt blutig zu sein, ist die Gewalt in diesen letzten Zeiten öfters rein moralischer Natur gewesen; statt von den Unterdrückern nach unten zu wirken, ist sie öfters von den unterdrückten Völkern nach oben geschleudert worden und anstatt den freien Aufschwung der Rasse zu hemmen, war sie in gewissen Augenblicken ein Modus, um ihn zu beschleunigen und zu erweitern. Und wie die Leidenschaften, die Gefühle und die Handlungen — weit davon entfernt, eine unveränderliche Bedeutung zu haben — gut oder schlecht sind, je nach den Umständen, die zu ihnen gehören, und dem Ziel, das wir mit ihnen verbinden, darf man wohl vor der gänzlichen Verdammung der Gewalt haltmachen.

Bei dem heutigen Stand der Zivilisation, wenn wir nicht das Ideal, das uns begeistert, sondern die Wirklichkeiten, die uns gefangen halten, betrachten, würde der absolute Gewaltverzicht der Altruisten, der Entrechteten, der Intellektuellen, der zur Verteidigung weniger Vorbereiteten wie der zur Reinigung des sozialen Zustandes am best Begabten höchst wahrscheinlich eine bedrohliche Rückkehr der Vergangenheit und ihrer Barbarei bedeuten.

Ich will damit nicht sagen, daß Gewalt und Gewalt zweierlei sei, die gute, die uns begünstigt, und die schlechte, die uns schädigt. Aber es ist unleugbar, daß die Gewalt, die ein kleines Volk gebraucht, um sich der Vernichtung seiner Nationalität zu widersetzen, einen anderen Charakter hat als jene, die ein Staat gebraucht, um es zu verschlingen, und daß die Gewalt der Arbeiter, die durch einen Streik der Schmälerung ihrer Interessen entgegentreten, nicht zur Ordnung jener Gewalttaten gehört. Zu unterscheiden wäre die offensive von der defensiven Gewalt, welch letztere in gewissen Fällen der Schutzwall verkannter Rechte ist und aus dem Verteidigungsarsenal der Menschheit nicht ausgeschieden werden kann, solange nicht die erstere aus der menschlichen Gesellschaft verschwunden ist.

Aber auch die Gewalt der Verteidigung kann nur als ein vorübergehender Faktor angesehen werden und darf nur bei größter Überlegung und in den äußersten Fällen Anwendung finden. Solange unter den gegnerischen Parteien, handle es sich nun um persönliche, nationale oder internationale Fragen, der gute Wille herrscht, solange werden die friedlichen Mittel der Aussöhnung und des Schiedsgerichtes immer die erfolgreichsten sein und dem Geist unseres Jahrhunderts am besten entsprechen.

Die Gewalt kann heute nur mehr als ein Mittel gelten, um Gewalt niederzuwerfen.

* * *

Edmond Briat, Arbeiterdelegierter im französischen Arbeitsbeirat, Paris:

Der Streik sollte als Aufhebung, nicht als Bruch des Arbeitskontrakte gelten.

Als Gegner der Gewalt bin ich für die friedliche Regelung von Konflikten. Der Weg dazu ist das obligatorische Schiedsgericht.

Dieses Schiedsgericht wäre zur Hälfte aus Arbeitgebern oder gewesenen Arbeitgebern und zur Hälfte aus Arbeitern oder gewesenen Arbeitern zusammenzusetzen.

Im Fall der Stimmengleichheit hätte der Schiedshof gemeinsam einen Obmann zu wählen, dessen Stimme den Ausschlag gibt.

Um rechtlich anerkannt zu werden, dürfte ein Streik nur nach einer geheimen Abstimmung erklärt werden.

Wenn die Mehrheit sich für den Streik erklärt, ist die Fabrik zu schließen bis zum Augenblick, da die Mehrheit Minderheit wird.

Um die Streikdauer so kurz als möglich zu machen, verpflichtet das Gesetz Unternehmer und Arbeiter, sich dem Schiedsspruch unterzuordnen.

* * *

Payen-Payne, London:

Meiner Ansicht nach ist die Zuflucht zur Gewalt bei der Entscheidung von Konflikten nur sehr selten gerechtfertigt oder ratsam; sie ist es dort, wo ein Volk sich gegen die Eroberung durch ein anderes Volk in legitimer Selbstverteidigung zur Wehr setzt, genau so, wie der einzelne Mensch berechtigt ist, sein Leben gegen einen Mörder zu verteidigen.

Dagegen werden, wenn wir auf dem Wege des Fortschritts genug weitgekommen sind, schiedsrichterliches Verfahren und Beweisgründe mächtig genug sein, um das Übergewicht der rohen Gewalt aufzuheben.

* * *

Abbé Paul Naudet, Professor am Collège libre des Sciences-sociales, Paris.

Alle die Fragen, die Ihr Rundschreiben stellt, auf einmal zu beantworten, fehlt mir die Muße. Ich will aber versuchen in einem einzigen Punkt gründlich zu sein. Ich glaube, daß, was den Streik anbelangt, die Gewalt kein notwendiger Fortschrittsfaktor ist. Zugegeben, „der starke Ton" hat manchmal Erfolg; aber es ist dies die Ausnahme. Die Gewalt kann manchmal den Ausschlag geben, ist aber nicht unersetzlich und erreicht nur dort etwas, wo auch ohne sie erreicht worden wäre, vielleicht weniger schnell, aber nur desto sicherer. Ich bin also Anhänger des Streikrechts, zugleich aber auch für seine gesetzliche Begrenzung. So legitim an sich eine Einrichtung auch sei, darf sie doch nicht ihrerseits die Quelle von Ungerechtigkeit, Unordnung und Anarchie werden. Wenn es unzulässig ist, daß ein Unternehmer über Nacht seine Fabriken schließe und seine Leute auf die Gasse werfe, so ist es nicht weniger unzulässig, daß die Arbeiter nach ihrem Belieben plötzlich gemeinsam von der Arbeit laufen können, unbekümmert um die Folgen, die diese plötzliche Unterbrechung für den Brotherrn und für die Gesamtheit hat. Es liegt ein scheinbarer Gegensatz darin, daß weder einer übermächtigen Kapitalsmacht Hunderttausende von Individuen schutzlos überlassen sein sollten, noch auch, daß eben diese Hunderttausende von Individuen, wenn sie ihren Vorteil darin ersehen, in kurzer Wallung das gesamte Wirtschaftsleben auf den Kopf stellen dürfen. Diesen Gegensatz auszusöhnen, müssen klare, gesetzliche Bestimmungen geschaffen werden, ähnlich wie ja sogar der Krieg ein Kriegsrecht anerkennt. Gewiß wäre die Frage viel leichter zu lösen, jeder einzelne sein Tagewerk nicht bloß auf den Nutzen hin ansehen wollte, den er daraus zieht, sondern den es der Gesamtheit bringt. Aber ein derartiger Gesichtspunkt ist von unseren Zeitgenossen nicht zu verlangen, die ja im Individualismus so tief darin stecken.

Seit einigen Jahren haben Länder, wie England, Kanada, Belgien und Italien, dem Beispiel Australiens folgend, versucht, die Streikerklärung gesetzlich zu regeln. Gewiß wünscht man diesen Versuchen den besten Erfolg. Eine gewisse Skepsis läßt sich jedoch nicht unterdrücken. In meinem Buch „Eigentum, Kapital und Arbeit" habe ich mich zu erklären versucht. Hier möge mir genügen, darauf hinzuweisen, daß, solange die arbeitende Gesellschaft nicht organisiert sein und nicht ihren Teil von Selbstherrlichkeit haben wird, um ihr eigenes Leben zu leben und durch ihr Dasein ihren Angehörigen die bestmögliche Zukunft zu sichern, wir im Argen liegen bleiben. Heißt das, daß man dem Heft das Messer nachwerfen soll? Keineswegs; wenn es unmöglich sein sollte, das Mehr zu gewinnen, muß man das Weniger nehmen. — In Frankreich gibt es bis jetzt einige Einrichtungen, sowohl um Konflikten vorzubeugen als auch, um sie zu schlichten; so die Arbeiterausschüsse und Einigungsämter, bestehend aus Arbeitgebern und Arbeitern.

Auch das französische Gesetz von 1892 über Ausgleich und Schiedsgericht hat gute Resultate erzielen lassen; doch da es rein beschwichtigend, nicht vorbeugend wirkte und oft sehr schwierige Aufgaben einer wenig entsprechenden Richterschaft übertrug, bildet das spätere Gesetz vom 17. Juli 1908 einen entschiedenen Fortschritt. Auch dieses könnte noch vervollkommnet werden; in ernsteren Fällen könnte an noch qualifiziertere Behörden appelliert werden — aber alles das, Palliative.

Meiner Ansicht nach kann nur ein gesetzlich bekräftigtes Zunftwesen (Zunft nicht zu verwechseln mit Gewerkverein — seit Turgot gibt es in Frankreich keine Zunft mehr —) den ersehnten industriellen Frieden bringen. Ihm käme die Obhut über die Rechte seiner Glieder zu, die wiederum seiner Oberhoheit unterstünden. Die Zunft könnte demnach im Notfalle auch für sie haften. Sie ist die Beschließerin des kollektiven Arbeitsvertrages, dessen Stabilität sie verbürgt. Vor dieser Wiedergeburt der Zunft aber — könnte nicht von den heute bestehenden Gewerkvereinen wenigstens ein Teil dessen verlangt werden, was die Zunft der Gesellschaft bieten würde? — Für den Anfang würde es genügen, den Gewerkschaften als einziger organisierter Macht — neben einer tatsächlichen gewerblichen Juridiktion über die Arbeiter — die gesetzliche Vertretungsbefugnis für die Gesamtheit der Gewerbemitglieder zuzuerkennen. Sogar das Recht könnte ihnen beigegeben werden, alle interessierten Arbeiter zur Abstimmung für und gegen den Streik aufzurufen. Dann allein wäre es möglich, Maßregeln gegen jene zu fordern, die der Entscheidung der Mehrheit auf Niederlegung der Arbeit zuwiderhandeln. Es ist unzulässig, daß die außerhalb des Gewerkvereins Stehenden im Augenblick des Kampfes die Pflichten einer Solidarität verleugnen, deren Nutznießer sie nach geschlagener Schlacht sein werden, wo sie selbst doch diese Schlacht durch Erhöhung des patronalen Widerstandes nur verlängert haben.

Ich glaube nicht, daß beim heutigen Stand der Dinge die Verfolgung der Streikbrecher — auch ohne Gewalt — gutgeheißen werden könne; denn weder den Gewerkschaften noch den Streikenden kommt es zu, die Arbeit zu untersagen; indem sie keine soziale Macht, keine soziale Autorität darstellen, besitzen sie keine rechtlichen Zwangsmittel, und überhaupt kann die Gesellschaft nicht zulassen, daß einfache Privatleute ihr eigene Gerechtsame handhaben.

Aber wenn die Gewerkschaft schon nicht Einsprache erheben könnte während des Streiks, und wenn die Macht und Meinung der Öffentlichkeit zurückwiche vor der unmittelbaren Einengung dessen, was man recht fälschlich „die Arbeitsfreiheit" nennt — so würde doch nach der Schlacht nichts verschlagen, die Dissidenten zur Verantwortung zu ziehen und eine Stufenleiter von Strafen aufzustellen von der wöchentlichen oder monatlichen Lohnentziehung an bis zum ultimo ratio einer zeitweisen Außerdienststellung, die — wie es im Falle unwürdiger Lehrer geschieht — bis zum bleibenden Ausschluß von gewissen Ämtern, Rechten oder Privilegien eines Gewerbes gehen könnte.

* * *

Dr. Sakunoshin Motoda, Tokio:

Ich bin nicht der Ansicht, daß die Entscheidung internationaler oder anderer Konflikte durch Gewalt zu geschehen habe, es sei denn im Falle der Selbstverteidigung. Noch im gegenwärtigen Stadium der Zivilisation werden oft unvernünftige Angriffe gemacht, um das Leben anderer, sei es nun das von Nationen oder Einzelmenschen, zu gefährden. Nur auf solche Angriffe hin sind Gewaltmittel zur Selbstverteidigung zulässig.

Das einzig mögliche Mittel zur Entscheidung von Streitpunkten ohne Gewalt ist die Moral. Keine andere willkürliche Einrichtung ist imstande, die entscheidende Überlegenheit physischer Gewalt aufzuheben. Die Entwicklung des moralischen Gewissens sowohl der Gesamtheit als auch des einzelnen ist daher dasjenige, was nottut.

* * *

Wilhelm Börner, Sekretär der österr. „Ethischen Gesellschaft", Wien:

Zunächst einige Bedenken zum Fragebogen selbst:

Ich halte es nicht für zutreffend, den „Kampf ums Dasein" mit „Gewalt" gleichzustellen. Es ist sehr wohl ein „Kampf ums Dasein" ohne Gewalt zu denken — durch reine „Auslese der Tauglichsten" nach Prinzipien der Gerechtigkeit —, wie es andererseits vielfache Gewalt gibt, die mit „Kampf ums Dasein" gar nichts zu tun hat.

Weiter sind die angeführten Formen der Gewalt keineswegs erschöpfend, wie das „usw." übrigens schon andeutet. Der Begriff der Gewalt ist bedeutend weiter zu fassen, als er durch die genannten Begriffe umschrieben wird. Das ganze Strafrecht beruht ja auf Gewalt; auf der Gewalt der Gesellschaft über den einzelnen.

Endlich möchte ich bemerken, daß man sehr wohl ein Verteidiger der Gewalt sein kann, ohne sie deshalb „als das beste Mittel zur Entscheidung ökonomischer, politischer und persönlicher Streitpunkte" ansehen zu müssen.

Soviel über den Fragebogen. —

Im folgenden will ich mich nun an die gestellten Fragen halten.

1.

Lynchjustiz ist eine atavistische Erscheinung, die ihrem Wesen nach der Zivilisation, Gerechtigkeit und Menschenwürde ins Gesicht schlägt und durch das geordnete, normative Justizwesen der Kulturgemeinschaften ohnehin ausgeschaltet ist.

Revolution ist ihrem Wesen nach auflösend und zersetzend, während die positiven Erfolge nicht mit dem geringsten Grade von Bestimmtheit vorauszusehen sind. Deshalb ist diese Form der Gewalt, eben wegen ihrer negativen Tendenz — die, wie die Geschichte zeigt, natürlich mit positiven Ergebnissen sehr wohl vereinbar ist —, sittlich verwerflich.

Krieg ist der Ausfluß des heute bestehenden anarchischen Verhältnisses der Staaten zueinander und ist einzig und allein als Notwehr gegen meuchlings geführte Einbrüche in die eigenen Rechte eines Staates sittlich gerechtfertigt.

Das Duell, das seinem Ursprunge nach eine Verirrung des kulturell rückständigen Spaniens ist, entbehrt jeder ethischen Basis und fristet nur durch gesellschaftliche Vorurteile und geistige Unselbständigkeit weiter Kreise sein unwürdiges Dasein.

Der Streik nimmt insofern eine Sonderstellung ein, als er nicht einen aktiven, sondern einen passiven Gewaltakt darstellt. Dieser ist als Defensivmittel sittlich gerechtfertigt, als Offensivmittel zu verpönen.

3.

Als Ersatz der Kriege sind ständige, internationale Schiedsgerichte einzusetzen, welche hauptsächlich den Konflikten vorzubeugen haben.

Duelle sind durch Ehrengerichte zu beseitigen, denen Männer und Frauen verschiedener Berufe und verschiedener sozialer Schichten angehören sollen.

Den Streiken ist durch parteilose Schiedsgerichte vorzubeugen, denen durchwegs uninteressierte Persönlichkeiten aus dem Lager der Arbeitgeber und Arbeitnehmer anzugehören haben.

Im allgemeinen wird die Gewalt in dem Maße aus dem öffentlichen und privaten Leben ausgeschaltet werden, in dem die Konflikte an Ungerechtigkeit, Schärfe und egoistischer Einseitigkeit verlieren. Der sicherste Weg, die Gewalt zu beseitigen, ist demnach die Steigerung des Gerechtigkeits- und Verantwortlichkeitsgefühles und der selbstlosen Hingabe an soziale, ideelle Zwecke. Dieser Weg kann aber nur angebahnt werden durch eine vertiefte sittliche Erziehung aller Volkskreise auf rein humaner Grundlage.

* * *

Generalprokurator Lino Ferriani, Como:

Unter keiner Form entspricht der Würde der modernen Menschheit die Gewalt. Denn sie ist an und für sich ein Überbleibsel des barbarischen Mittelalters.

Das große Werkzeug der sozialen Wiedergeburt muß die Erziehung sein.

Die allgemeinen Konflikte zwischen den verschiedenen Völkern sind durch internationale Schiedsgerichte zu schlichten, wie es mit privaten Streitigkeiten schon lange und ausschließlich durch die nationale Gerichtsbarkeit geschieht. Die Konflikte zwischen dem Kapital und der Arbeit können durch Lohnämter, bestehend aus gewählten Vertretern aller Klassen und Interessen, beigelegt werden. Auf einer wahrhaft demokratischen Grundlage hat die Gewalt keinen Platz mehr.

* * *

Alexandra David, Tunis:

Im Hintergrunde jedes der sechs Gesichtspunkte, aus denen heraus die Frage gestellt ist, erscheint das Problem des individuellen Daseins. Kann der Durst nach Leben, Freude, Wachstum, Dauer, den jeder individualisierte Organismus, sei er Mensch, soziale Klasse, Gesellschaft, Nation, in sich trägt — kann dieser Durst anders als durch Aufsaugung anderer Organismen befriedigt werden, die ihrerseits, von den gleichen

Instinkten beseelt, nach Verminderung, Unterwerfung oder Vernichtung des Besiegten zugunsten des Siegers verlangen?

Wie auch unser Herz sich zusammenkrampft beim Anblick der Dramen, die dieser Kampf entrollt — nicht Gefühle können derartige Fragen entscheiden. Die Wissenschaft bestärkt leider nicht unseren Optimismus. Die Naturbeobachtung zeigt uns ein großes Schlachtfeld. Welch phantastischer Kampf der Mikroben in jeder unserer Zellen, jedem Blutkörperchen in uns selber! In Wahrheit widersteht unser Dasein den anstürmenden Elementen, die es umgeben, nur, indem es ihnen — vernichtend und assimilierend zugleich — noch mehr nimmt, als sie ihm entziehen. Der Tag, wo das Verhältnis sich umkehrt, wo die nachbarlichen Leben mehr aus uns herausschöpfen, als uns abgeben, ist der Zeitpunkt des Verfalles, ist die Auflösung, ist der Tod.

Was Gesetz ist in der physischen Welt, kann es nicht Gesetz sein in der moralischen Welt, die ja aus der physischen hervorgeht, sie zur Grundlage hat, freilich auch wieder auf sie zurückwirkt, jedenfalls aber untrennbar mit ihr verbunden ist?

Wir möchten Ja! rufen, möchten die Kraft des Geistes der Schwachheit des Fleisches entgegenstellen, möchten für uns den Titel der Überlegenheit über die anderen Wesen fordern. Aber der Geist erscheint uns zu sehr an das Gehirn gebunden, durch das wir ihn erkennen, und wir sind von dem Wahne genügend geheilt, eine Kluft zwischen der Natur des Menschen und der der übrigen Ausdrucksformen organischen Lebens aushöhlen zu wollen, um hier kategorisch zu antworten.

Eine unbedingte Verneinung der Möglichkeit, an Stelle der physischen Gewalt Frieden zu setzen, wäre andererseits ebenso kühn, wenn nicht noch weniger gerechtfertigt. Es wäre sogar falsch zu behaupten, daß die Gewalt nicht langsam und allmählich aus dem Kreise menschlicher Gemeinwesen ausscheide. Der Abstand unserer Sitten von denen der barbarischen Zeiten braucht nicht aufgezeigt zu werden. Sind wir besser geworden, im übertragenen Sinn? — Ich würde nicht wagen es zu entscheiden und um diese Frage handelt es sich hier auch gar nicht. Aber unsere Nerven haben sich verfeinert, wir haben etwas von unserem Hang zum Tierischen verloren, weil wir dem Schmerz empfindlicher geworden sind, den zu umgehen, wir uns mehr bestreben. Die Vielgestalt des zivilisierten Lebens hat uns unsere Interessen anders auffassen gelehrt. Es ist erlaubt zu denken, das diese selbst sich mehr und mehr erleuchten und uns dahin führen werde, die Gewalt als dem Endziel (Wohlergehen und Glück), das wir suchen, schädlich, zu verschmähen.

Vom Moment an, wo es uns gelungen ist, die erste und natürlichste Form der Gewalt unwesentlich zu machen: die Regelung individueller Uneinigkeiten durch physischen Kampf beider gegnerischen Parteien, dürfen wir, gestützt auf diese Tatsache, die Einschränkung kollektiver Gewaltausbrüche anstreben.

Der Krieg begann damit, ein etwas ausgedehnterer individueller Kampf zu sein. Man schlug sich familienweise, in Stämmen eines Zweckes willen, der jeden einzelnen Kämpfer anging. Heut ist es anders. Die Nationen sind aus heterogenen Elementen gebildet, öfter durch die Zufälligkeiten der Politik als innere Angleichung verbunden; die Interessen dieser Bestandteile können sich tief widersprechen. Die sozialen Klassen andererseits sind noch viel weiter von einer Interessengemeinschaft entfernt.

Man hat heute aufgehört, sich für Ideen zu schlagen; die internationale Politik behandelt nur mehr „Affären". Jede Staatsgewalt kann einem Handelshaus verglichen werden, das die Prosperität seiner Firma zu steigern und der Konkurrenz die Stirn zu bieten wünscht. Dabei gibt es in jeder Nation eine bedeutende Masse Individuen, die nicht oder nur ganz geringfügig an den Einkünften der sozialen Firma beteiligt sind, so daß sie aus eigenem Interesse wohl nicht ihr Leben daran wagen würden. Während aber so die vielfach rein konventionelle Scheinnatur der nationalen Solidarität hervortritt, läßt die Notwendigkeit der internationalen Solidarität sich immer schärfer erkennen. Eine doppelte Bewegung setzt ein, Bande lockern sich und Bande knüpfen sich, und eine Interessenkreuzung, moralisch und materiell, gefolgt von einer Sympathiekreuzung, macht die gewaltsame Regelung von Konflikten immer schwieriger, da unter diesen Bedingungen eine bedeutende Anzahl der Mitkämpfer auf beiden Seiten gestört und geschädigt würde.

Schon leisten die Schiedsgerichte der Sache des Friedens wichtige Dienste, vor allem aber sind sie ein Fingerzeig in die Zukunft, da die gereifte Einsicht der Völker eine Methode, die heute schon erfolgreich persönliche Konflikte schlichtet, auch für die Schlichtung kollektiver Zwistigkeiten zulassen wird.

Immerhin muß man von ihr nicht die Abschaffung des Krieges erwarten, solange dieser noch von den Massen geduldet wird und sie noch den Hintergedanken nicht aufgegeben haben, zu ihm ihre Zuflucht zu nehmen.

Die Entwicklung des Friedensgedankens ist ganz und gar eine Erziehungsfrage.

Die Wirksamkeit der Gewalt im Klassenkampf ist anders zu beurteilen. Wir kommen damit auf jene alte Kampfform zurück, die ich oben erwähnte, wo der Stamm einen anderen Stamm bekriegt, um Interessen willen, die jeden einzelnen Mann direkt angehen. Die Leidenschaften sind natürlich lebendiger, und es ist schwer, hier über Instinkte zu richten. Jedoch erscheint mir die Idee, durch eine gewaltsame Auflehung, die Wegräumung gewisser Individuen, eine radikale Umwandlung der sozialen Beziehungen zwischen den Menschen herstellenn zu können, recht einfältig. Die Revolution kann den Platz verändern, den bestimmte Elemente in der Gesellschaft eingenommen hatten, kann Reichtum und Macht der einen Kaste einer anderen in die Hände spielen, aber das innere Wesen der Menschen umändern, das kann sie nicht: Jeder soziale Zustand ist der Widerschein der ökonomischen, politischen, moralischen oder philosophischen Ansichten derer, die ihn geschaffen haben und ihn erhalten.

Der Streik, der eine Form der Revolution ist, in der die List die offene Gewalt ersetzt, kann gewiß in besonderen Fällen Erfolg haben. Aber Erfolg worin? . . . In einer Aufbesserung der Löhne um einige Pfennige: diese Pfennige mögen nicht unwichtig sein für die, die sie errungen haben, aber wodurch ändern sie die Grundfesten der sozialen Organisation, die Beziehungen zwischen Arbeit und Kapital und die Auffassung, die die Mehrzahl der Menschen von der Rolle des Schiedsgerichts und von dessen wahrem Wesen hegen?

Die Sabotage ist nur eine ausgeübte Bosheit oder ein Kampfmanöver von höchst beschränkter, episodenhafter Tragweite. Die Bosheit ist öfters sehr verständlich, und das Manöver kann von vorübergehendem Interesse sein, aber nie kann darin ein Weg zu irgendwie großzügigen Resultaten erblickt werden.

Auch hier wieder kann nur die Erziehung mit ihrem Einfluß auf die Geistesrichtung der Arbeitermassen etwas bewirken. Sie sind in der Überzahl. Ohne zu tragischen Gebärden greifen zu müssen, würde es genügen, daß sie sagten: „Wir wollen.“ Aber um es derart sagen zu können, müßten sie einen klaren Willen gefaßt und den sozialen Zustand daraufhin erkannt haben, wie er zum größtmöglichen Glück der größtmöglichen Zahl zu führen sei.

Die Lynchjustiz leitet zu der Frage von der Todesstrafe über mit dem Unterschied, daß jene als Ausfluß einer spontanen Empörung der meist direkt Betroffenen in den Augen des Denkers einer gewissen Entschuldigung gewärtig sein kann, die dem juridischen, von Gleichgültigen kalten Sinnes begangenen Mord keineswegs gebührt. Man darf nichtsdestoweniger nur mit Grauen derartige, die Menschenwürde entstellende Gedankengänge verfolgen und muß ihrer energisch Herr zu werden suchen.

Hierauf vom Duell zu sprechen, das heißt von der Tragödie zur Komödie übergehen.

Wie kann man vergessen, was die Grundlage, das Prinzip und die Rechtfertigung des Duells waren: der Glaube an eine göttliche Dazwischenkunft? An seine Stelle ist eine galante Spielerei getreten, die nur brutal ist, aber keinen Sinn hat. Das Gottesurteil sollte im Duell den Schuldigen vom Schuldlosen unterscheiden. Der Besiegte war, dem Zeitgeist entsprechend, unfehlbar im Unrecht.

Heute, wo viele Duellanten nicht mehr an Gott glauben oder zu mindest nicht daran, daß er so unmittelbar seine Meinung abgeben werde — was beweist da ein Waffengang? Etwa die Tapferkeit der Widersacher? — Viele Sporte, die in aller Einfachheit geübt werden, sind gefahrvoller als das Duell.

Ein epischer Hauch konnte im Mittelalter selbst die Roheiten der Blutrache ein wenig idealisieren; das Duell von heute gleicht eigentlich, ins Salonfach übertragen, den abgekarteten Schlägereien der Plattenbrüder, nur daß die Duellanten sich antiseptischer Klingen und geschwächter Ladungen bedienen und ein Arzt sofort bereit ist, die Wunden zu verbinden. Eine zivilisierte Gesellschaft kann weder die eine noch die andere Form von Zeitvertreib gestatten.

Habe ich die mir gestellten Fragen beantwortet? Vielleicht hätte ich mich präziser fassen sollen. Allein der Trieb zur Gewalt, der Glaube an ihre Wirksamkeit lassen sich meines Erachtens nicht durch Gesetzestexte und internationale Konventionen abstellen. Es ist immer mißlich, Gesetze zu schreiben für eine Zukunft, wo die moralischen und sozialen Bedingungen in denen die Menschen leben werden, ihnen andere Bedürfnisse und andere Gefühle einflößen werden, als die sich uns heute aufdrängen.

Die Intelligenz ist es, die allen Fortschritt bewerkstelligt, alles wahrhafte und dauernde Glück aufbaut und in der Anregung des Denkens in den Gehirnen besteht die Aufgabe derer, die davon träumen, das Leiden der Menschheit zu mindern. Ich kann keinen anderen Weg erblicken, noch eine andere Antwort geben.

* * *

Julius v. Pflugk-Hartung, Geheimer Archivrat, Professor, Berlin:

Mir erscheinen alle Gewalttaten verwerflich, weil sie unmoralisch sind, außer da, wo es gilt, Verbrechen zu verhindern oder zu bestrafen. Sachlich aber lehrt eine vieltausendjährige Geschichte, daß die Macht und die auf dem Machtgefühle beruhende Gewalttat stärker war als das Recht; es sei denn, daß das Recht sich zur Macht gestaltete. Deshalb gälte es, dem Recht überall möglichst zur Macht zu verhelfen, gewissermaßen Recht und Macht zur Einheit zu bilden. Dies ist sehr schwer, ja unmöglich, weil die Auffassung von Recht und Unrecht nicht nur bei den einzelnen Menschen, sondern auch bei den verschiedenen Völkern verschieden sind. Durch Natur und Verhältnisse sind die Menschen verschieden, und die Verschiedenheit steigt mit dem Wachsen der Kultur. Es bleibt nur übrig, die Gewaltanwendung einzudämmen, die Selbstsucht und Leidenschaften zu beschränken. Dies geschieht am besten durch Schiedsgerichte, denen aber die Macht des Vollzugs und Strafgewalt zu Gebote stehen muß. Freilich auch die Schiedsgerichte bilden zunächst nur einen Notbehelf, weil sie schwer, vielleicht unmöglich ins Werk zu setzen und wie alles Irdische dem Irrtum ausgesetzt sind. Bei wirklicher Lebensfähigkeit würden sie außerdem überlastet sein. Erst wenn es gelingen sollte, die Menschheit geistig und sittlich bis zu der Tatsache werdenden Erkenntnis zu veredeln, daß das Wohl des einzelnen das der Gesamtheit bedingt, und umgekehrt, der einzelne erst in der Gesamtheit wahrhaft glücklich ist und sein kann, erst dann wird die Gewalttat zurücktreten. Aber auch hier ist zu bedenken, daß die Erhöhung der Kultur keineswegs die der Sittlichkeit bedingt, sondern nur zu oft mit der Ausbildung des Individuums das Gegenteil bewirkt. Alle Völker von hoher oder gar Überkultur sind zugrunde gegangen oder doch rückfällig geworden.

Praktisch bleibt nur: Erziehung der Menschen zur Menschlichkeit, zur Abkehr von Vergewaltigungen und Eindämmung von Selbstsucht und Leidenschaft durch Schiedsgerichte mit Vollzugsgewalt. Bis dahin wird die Gewalt weiterherrschen, wie sie es stets getan hat.

* * *

Thomas Barclay, London:

Meiner Ansicht nach ist die Anwendung der Gewalt nur zur Vollziehung eines gerechten Schiedsspruches gerechtfertigt, wenn alle vernünftigen friedlichen Mittel erschöpft sind und es unmöglich geworden ist, demselben auf eine andere Art und Weise Geltung zu verschaffen.

Ich kann mir kein System der Schlichtung von Streitpunkten denken, das die entscheidende Überlegenheit physischer Gewalt beiseiteschöbe.

Selbst ein allgemeiner Staatenbund, der über die Befolgung der Sprüche eines internationalen Schiedsgerichts zu wachen hätte, stellt in sich selbst nur einen Appell an numerische Stärke dar, und die Entscheidungen des Schiedsgerichts könnten einer widerspenstigen Nation gegenüber nur mit Hilfe physischer Gewalt vollzogen werden. Quis custodiet custodis?

Das Streben der Friedensfreunde muß darauf gerichtet sein, die Anwendung physischer Gewalt bloß auf die Vollziehung richterlicher Entscheidungen zu beschränken, nicht aber diese zunichte zu machen.

Der Hauptgegenstand, der mich vom internationalen Standpunkt aus interessiert, ist die Verbreitung der Lehre vom Weltfrieden über die ganze Erde. Jede in diesem Sinne erhobene Stimme, jede in diesem Sinne geleistete Arbeit wird durch die Verstärkung der Zahl der Friedensfreunde dazu beitragen, die Nationen aufwärts zu führen.

* * *

Dr. Karl von Amira, Professor an der Universität München:

Gewisse Formen der Gewaltanwendung sind vom positiven Recht gestattet. Dahin gehört nach dem heutigen Völkerrecht der Krieg, nach nationalem Privatrecht die Selbsthilfe in Notfällen und bei Besitzentziehung sowie bei Besitzstörung, nach nationalem Gewerberecht der Strike. Andere Formen hingegen sind vom positiven Recht bei Strafe verboten wie z. B. Duell, Lynchjustiz, Sabotage. Ihrem Begriff nach widerrechtlich ist die Revolution.

Von den widerrechtlichen Formen der Gewaltanwendung wird sich im Zweifel sagen lassen, daß sie auch zweckwidrig sind, wenn dadurch Streitigkeiten ausgetragen werden sollen. Wie oft ist dies nicht bezüglich des Duells mit zahllosen Gründen ausgeführt worden? Und ähnliche würden sich auch gegen die anderen Formen rechtswidriger Gewalt geltend machen lassen. Aber schon hier wäre eine Klausel zu machen. Zwar nicht bei Duell und Sabotage, wohl jedoch bei Lynchjustiz und Revolution. Es hat immer Fälle gegeben, wo diese Formen rechtswidriger Gewalt sich als einzige und eben darum auch zweckmäßige Entscheidungsmittel erwiesen. In der Lynchjustiz kann sich das materielle Recht durchsetzen, wo das formelle seinen Dienst versagt; die Gesellschaft stößt den Verletzer ihrer Ordnung in außerordentlichem Verfahren aus, wo er ausgestoßen werden muß, aber das ordentliche Verfahren dazu nicht ausreicht (z. B. wegen Parteilichkeit oder Lässigkeit oder Schwäche der Staatsorgane). In der Revolution kann sich die Gesellschaft an Stelle eines unerträglichen formalen Rechtszustandes einen neuen schaffen, wenn sich ihre Glieder dem neuen tatsächlichen Zustand zu assimilieren vermögen, so daß er ihnen fortan als der ordentliche gilt. Beispiele dafür liefert die Geschichte der meisten Revolutionen.

Was die rechtlich erlaubte Gewalt betrifft, so verhält sich hier die Sache umgekehrt. Im allgemeinen ist die Gewalt erlaubt, weil und soweit sie als zweckmäßig gilt. Allein es kann Ausnahmen geben, wo sie zwar erlaubt, jedoch zweckwidrig ist. Dies wäre von vielen Kriegen zu sagen. Zweckmäßig könnte der Krieg nur sein, wo eine Entscheidung unentbehrlich, aber auf keinem anderen Weg zu finden ist. So waren z. B. die Eroberungskriege der Völkerwanderungsperiode meist zweckmäßig, weil die Übervölkerung der Staatsgebiete die Bewohner dazu zwang, entweder die Gebiete mit Gewalt zu erweitern oder mit Gewalt neue Gebiete aufzusuchen. Mutatis mutandis gilt das nämliche vom Strike. Er ist rechtlich erlaubt. Jedoch wie oft hat er nicht seinen Zweck verfehlt, wie oft war er andererseits das einzige Mittel, das zu seinem Ziele führte?

Zu den Schäden, welche die Gewalt für die Gesellschaft wie für deren einzelne Glieder verursachen kann, wären außer den Wertzerstörungen noch zu rechnen und dann vielleicht noch höher zu veranschlagen: dauernde Verstimmung und Unfriede unter den Gliedern der Gesellschaft, Erschütterung ihres Rechtsgefühls, Nachwirkung des schlechten Beispiels u. dgl. m. Diese Schäden werden im allgemeinen durch keinerlei Vorteile aufgewogen.

Aber anders verhält es sich, wenn überhaupt einmal nach obigem die Gewaltanwendung für zweckmäßig gelten muß. Da liegt in der gewonnenen Entscheidung, in der wiederhergestellten Ordnung allein schon der Vorteil, der die etwa sonst angerichteten Schäden aufwiegt. Dieses zeigt sich schon darin, daß nach Eintritt des Friedenszustandes auch die Besiegten sich in verhältnismäßig kurzer Zeit den neuen Verhältnissen zu assimilieren pflegen. Sie, die meist Geschädigten, bringen das Opfer um der neuen Ordnung willen.

Schiedsgerichte zum Austrag von Lohnkämpfen und von Ehrenhändeln innerhalb des Staates und internationale Schiedsgerichte zum Austrag von Streitigkeiten unter Staaten erweisen sich mehr und mehr als vorzügliche Mittel zum Ausschluß von Gewalttätigkeiten. Internationale Schiedsgerichte werden es mit der Zeit insbesondere auch unmöglich machen können, daß ein einmal völkerrechtlich geordneter Zustand hinterher noch durch Gewaltanwendung erschüttert werde. Doch darf man sie nicht als Allheilmittel betrachten. Denn es wird immer darauf ankommen, ob ihre Entscheidungen befolgt werden. Innerhalb des Staates kann dafür gesetzlich gesorgt werden und pflegt gesetzlich gesorgt zu sein, daß dem Schiedsspruch die Streitteile auch nachleben. Nicht so von Staat zu Staat. Hier könnten nur Verträge unter Staaten vorkehren, indem sie eine internationale Polizei errichten würden. Aber Verträge unter Staaten müssen von diesen freiwillig erfüllt werden, wenn sie ihren Zweck erreichen sollen. Es wird folglich letzten Endes alles davon abhängen, zu welchem Grad von Einsicht die Völker und ihre Regierungen gelangt sind. Man muß daher trachten, unter den Völkern ein möglichst tiefes gegenseitiges Verständnis zu verbreiten sowie die Erkenntnis, wie sehr sie aufeinander angewiesen sind.

*   *
*

Stoyan Markowitsch (Sarajewo):

Ich glaube recht daran zu tun, wenn ich mich auf Beurteilung der Gesichtspunkte beschränke, welche aus dem augenblicklichen *) Balkankonflikt erwachsen.

Der Krieg der Balkanstaaten mit der Türkei scheint mir seinem inneren Wesen nach weniger ein Krieg als eine Revolution zu sein. Seit einem Jahrhundert sind die christlichen Rajas der europäischen Türkei in offenem oder latentem Aufstand gegen den türkischen Feudalismus, der ihnen gesetzlich — in Form hoher Pachtzinse an den Pachtherrn und Steuererpressung durch die Behörden — sowie ungesetzlich, durch sonstige Erpressungen seitens der Obrigkeit, Plünderung seitens der mohammedanischen Bevölkerung usw. schwerste Bedrückung auferlegt. Die aufständischen Rajas wurden Ende der siebziger Jahre durch Rußland unterstützt und ein Teil von ihnen befreit; heute machen die damals Befreiten, die inzwischen die Königreiche Bulgarien und Serbien begründet haben, gemeinsame Sache mit den revolutionären Kämpfern in Mazedonien und suchen deren endgültige Befreiung zu erzwingen.

Die schiedsgerichtlichen Methoden, welche Konflikte zwischen konsolidierten Staaten ausgleichen können, sind natürlich auf die mazedonische Frage nicht anwendbar. Jeder Schiedsgerichtshof hätte im Sinne des formalen Rechtes entscheiden müssen, daß Bulgarien und Serbien keinerlei Rechtsanspruch auf Aufgabe der türkischen Souveränität besitzen, gerade so, wie die Kämpfer der französischen Revolution offenbar einen Rechtsbruch

*) Diese Erwiderung gelangte während der ersten Phase des Balkankrieges (Winter 1913) in unsere Hände; doch mögen die von Herrn Markowitsch gebrachten Gesichtspunkte als Dokument der in jener Geschichtsphase aufgerollten Probleme und Stimmungen retrospektives Interesse haben.

gegenüber dem Königtum begingen, der von jedem Gerichtshof als solcher hätte beurteilt werden müssen, geradeso wie die Männer, welche die österreichische, preußische, russische Konstitution im Kampfe mit den absoluten Regierungen erstritten, sich gegen das formale Recht vergangen haben. Hier liegen eben Zersetzungsprozesse im Innern eines Staates vor, welche die alten Formen zerreißen und das Werden neuer Formen erzwingen. Das Recht, welches ja nur die von der Gewalt geschaffenen tatsächlichen Verhältnisse umschreiben und einheitlichen Gesichtspunkten unterordnen kann, kommt da nicht in Frage.

Wohl aber läßt sich auf die Befreiung der christlichen Balkanbewohner die zweite Frage Ihrer Enquete anwenden, die nach der Legitimität der Revolution. Für Staaten, welche auf die Herrschaft eines Volksstammes begründet sind (Türkei, Rußland) oder auf die Herrschaft einer Klasse (was in gewissem Grade auf Preußen zutrifft), für Staaten, in denen der herrschende Volksstamm oder die herrschende Klasse der unterjochten Bevölkerungsmehrheit die Möglichkeit, ihre Wünsche mit den Methoden einer demokratischen Staatsverfassung geltend zu machen, verweigern, scheint mir allerdings die Revolution das einzige Mittel, um den geschichtlichen Wandlungsprozessen zum Durchbruch zu verhelfen; für Staaten jedoch, in welchen eine demokratische Verfassung jedem Bevölkerungsbestandteil, jeder sozialen Klasse, jeder geistigen Richtung die Möglichkeit verleiht, sich insoweit zur Geltung zu bringen, als Zahl und politische Reife dies zulassen, scheint mir die Revolution ein Versuch, im Sinne Ihres Rundschreibens das „Recht des Stärkeren" gegenüber den Gesichtspunkten der größeren Zahl und der Billigkeit zur Geltung zu bringen; sie scheint mir dann im Widerspruche zu stehen mit der allgemeinen Entwicklungstendenz unserer Zeit, welche die Vernunft über die Gewalt setzt. In Demokratien wie Frankreich, England, Amerika scheint mir also die Revolution ihrer Legitimität zu entbehren und auch Parlamente des allgemeinen Wahlrechts wie der Deutsche Reichstag scheinen sie mir für den Kreis ihrer Beziehungen als legitim auszuschließen.

* * *

Ganz andere Gesichtspunkte müssen meiner Ansicht nach für die zweite Phase des Balkankonfliktes, die Spannung zwischen Österreich und Serbien, gelten. Diese gründete sich in erster Linie auf den Wunsch Österreichs, Serbien die ökonomische Unabhängigkeit, welche ihm der Zugang zum Meere verschaffen würde, zu verwehren und auch weiterhin in der Versagung des Transits durch österreichisches Gebiet ein schweres Pressionsmittel gegenüber dem jungen Königreiche zu besitzen, sowie eine solche politische Stärkung Serbiens hintanzuhalten, die ihm für die südslawische Einigungsbewegung die Rolle Piemonts in der italienischen Einheitsbewegung geben und Bosnien und Kroatien mit dem Geschicke der Lombardei und Venetiens bedrohen würde.

Insolange jedoch Serbien sich nicht aktiv an den Befreiungsbestrebungen der auf österreichischem Boden wohnenden Südslawen beteiligte, ist die Beziehung zwischen Österreich und Serbien offenbar die zwischen zwei unabhängigen Staaten und irgendein Rechtsanspruch eines Staates auf die Nichterstarkung resp. ökonomische und politische Schwächung eines anderen Staates kann nicht bestehen; ihn bloß aufrichtig zu formulieren, schlägt jedem modernen Empfinden ins Gesicht, und tatsächlich hat ja auch Österreich niemals seine wahren Beweggründe vor den Augen Europas klar und deutlich enthüllt, sondern immer Scheingründe (von Bedrohung seiner Seegeltung im Adriatischen Meere durch einen serbischen Handelshafen kann ja offenbar keine Rede sein, da auch eine solche Bedrohung durch die montenegrinischen Häfen Antivari und Dulcigno nicht stattgefunden hat) in den Vordergrund geschoben.

Sein einziger wahrer Titel auf Verneinung des serbischen Anspruchs auf den selbständigen, über eigenes Gebiet führenden Weg zum Meer, war und ist offenbar seine zahlenmäßige und militärische Überlegenheit. Gerade die Bedrohung schwächerer Staaten durch stärkere Nachbarn, gerade diese Geltendmachung des „Rechtes des Stärkeren" auf dem Felde der Staatenbeziehung ist jedoch offenbar den Kerngedanken der modernen Entwicklung, welche einen internationalen Rechtszustand zu begründen, das „Recht des Stärkeren" durch das Recht — sans phrase — zu ersetzen sucht, zuwider.

Das menschheitliche Gesamtgewissen, wie es heute noch unvollkommen, in Zukunft jedoch stets vollkommener im Konzert der Großmächte, in der werdenden internationalen Exekutivgewalt zur Geltung kommen wird, ist berufen, solchen friedenstörenden Bestrebungen des stärkeren Staates gegenüber dem schwächeren entgegenzutreten. Tatsächlich ist ja auch gerade der Verlauf der gegenwärtigen Krise ein Beweis für die wachsende Geltung dieses Gedankens; hat ja doch Rußland in uneigennütziger Weise erklärt, daß es eine Vergewaltigung des kleinen südslawischen Königreichs nicht dulden werde, hat doch die unabhängige öffentliche Meinung Deutschlands erkennen lassen, daß sie nur mit äußerster Unlust einen österreichischen Angriffskrieg auf Serbien gegenüber den unvermeidlichen Folgen jenes Konfliktes mit Rußland decken werde; hat ja das europäische Konzert schließlich die ganze Streitfrage geschlichtet.

In zweiter Linie haben sich die österreichisch-serbischen Beziehungen um der Reibungen willen, die zwischen dem österreichischen Konsul zu Prisrend, Prochaska, und den serbischen Militärbehörden ausbrachen, vorübergehend zugespitzt. Von serbischer Seite warf man dem Konsul vor, daß er aus seiner pflichtgemäßen Neutralität herausgetreten sei und die albanesische Bevölkerung zum Widerstand gegen Serbien aufgehetzt habe; von österreichischer Seite wieder beschuldigte man Serbien, daß es die Bewegungs- und Korrespondenzfreiheit des Konsuls eingeschränkt habe. Hier lag offenbar ein Fall vor, der unparteiisch nur beurteilt werden konnte, wenn der tatsächliche Sachverhalt von Unparteiischen untersucht und festgestellt und im Sinne des gerade in dieser Richtung (Pflichten und Rechte der Neutralen im Kriegsfalle, Pflichten und Rechte der diplomatischen Vertreter) bereits fein ausgebildeten Völkerrechtes interpretiert wurde. Es lag also ein Schulfall für das Eingreifen des Haager Schiedsgerichts vor, genau so wie mit den Deserteuren von Casablanca, wie ein hervorragender österreichischer Völkerrechtslehrer, Prof. Lammasch, auch in einem Wiener Blatte erklärt hat.

Statt dieser billigen Schlichtung des Streitfalles wurde er, infolge eines auf Serbien ausgeübten übermächtigen Druckes, ohne unparteiische Untersuchung, durch Entschuldigung der serbischen Behörden Österreich gegenüber geregelt; immerhin wurde auch so Gewaltanwendung vermieden.

Fassen wir also die Folgerungen, die sich aus dem speziellen Fall des Balkankonfliktes für die so bedeutende allgemeine Antithese „Hie Recht des Stärkeren, dort Billigkeit und Recht, von schiedsgerichtlichen Instanzen promulgiert" ziehen lassen, zusammen, so finden wir:

1. daß die derzeitige Haager Schiedsgerichtsinstanz für Geltendmachung des Rechtsgedankens in Fällen wie dem Konsulstreit zu Prisrend genüge, jedoch eine wirksame Betonung dieses Gedankens durch die unparteiischen Mächte nottue, damit nicht starke Mächte sich zu Übermuthandlungen gegen schwächere, die ihren eigenen Interessen ohnehin nicht nützen, hinreißen lassen,

2. daß die Verhütung einer Vergewaltigung schwächerer Staaten durch starke Nachbarn, insoweit wahre Interessenkonflikte vorliegen, von einer reinen Rechtsinstanz nicht ausgehen, daß nur das Werden einer internationalen Exekutivgewalt in dieser Richtung Wandel schaffen kann,

3. daß gegenüber revolutionären Entwicklungen wie der gewaltsamen Befreiung der Balkanslawen von türkischer Feudalherrschaft nur die Ausbreitung demokratisch-parlamentarischer Institutionen eine gewisse Garantie zu bieten vermag.

Mögen auch selbst demokratische Staaten vom Gespenste der Revolution bedroht sein, jedenfalls sind sie ihm minder ausgesetzt als solche, in denen das Recht ein Herrschaftsverhältnis, das auf Machtbeziehungen einer vergangenen Epoche aufgebaut war, kodifiziert hat, in denen also offenbar die neuen Machtverhältnisse der Gegenwart sich nicht auf rechtlichem Wege, sondern nur auf dem der Gewalt durchzusetzen vermögen.

Die Macht der öffentlichen Meinung aber und die Vernunft, an welche ja diese Rundfrage appelliert, werden in den demokratisch regierten Ländern, und nur in diesen, ihr klares Votum zuungunsten der Revolution und zugunsten legaler Fortentwicklung der sozialen Verhältnisse in die Wagschale werfen können.

* *
*

Ferdinand Buisson, Mitglied des französischen Parlamentes:

Was die drei erstgenannten Formen kollektiver Gewaltanwendung betrifft, so geht das Problem nicht dahin, zu ergründen, ob die Gewalt der „wirksamste Faktor des Fortschritts" oder zum wenigsten gewisser Fortschritte ist. Es ist eine Tatsache, daß sie das erste Mittel, um ihn herbeizuführen, war, ja, lange Zeit das einzige überhaupt. Sie im Prinzip zu verdammen, wäre gleichbedeutend damit, die Augen willkürlich vor der Geschichte der Menschheit zu schließen. Der „Widerstand gegen die Tyrannei", oder noch allgemeiner gesprochen, die Abwehr des Druckes durch Gegendruck ist tief in den Trieben, in den Notwendigkeiten der ganzen Natur verankert und somit auch ein natürliches Recht, ein Instinkt des Menschen. Mit Gewalt mußte er beginnen.

Das Problem geht dahin, zu ergründen, ob wir uns ihrer auch fernerhin bedienen sollen. Ob wir nicht besser tun, auf dieses gefährliche Mittel zu verzichten, dem der Makel der Brutalität anhaftet, und dessen Erfolg allzusehr von den Zufälligkeiten eines Kampfes abhängt, in dem die rohe Stärke allein entscheidet.

Ganz gewiß, wir täten besser daran, gerade deshalb, weil die Geschichte uns lehrt, daß immer wieder die Schwachen vermochten, durch engen Zusammenschluß mächtig zu werden. Ja, gerade dadurch, daß sie vereinzelt nichts erreichen können, und dadurch, daß sie zusammengeschlossen nur bleiben können, wenn gleiches Recht, d. h. Billigkeit und Gleichheit, unter ihnen herrscht, wird jede solche Vereinigung von Menschen, die dauert, eine Schule der Gerechtigkeit, ist sie gewissermaßen gezwungen, Gerechtigkeit und Billigkeit aus sich selbst heraus zu erzeugen. Weder der Krieg, noch die Revolution noch auch der Streik können einen günstigen Ausgang nehmen ohne eine starke und festgeschlossene Organisation. Und keine Organisation ist möglich ohne eine Disziplin, die wohl eisern, doch durchführbar ist. Solch eine Disziplin gewährleistet nur Gerechtigkeit und Billigkeit. Internationales Schiedsgericht, Regierung durch das allgemeine, gleiche Wahlrecht, ein System von Kollektivverträgen, das die Gesellschaft genehmigt und garantiert: das sind die drei Formen des Widerstandes gegen die Gewalt, die Krieg, Revolution und Streik ablösen werden. Sie sind erst in der Entstehung begriffen, aber ihre Umrisse treten doch schon klar genug hervor, um ihre Überlegenheit über die alte mechanische Verteidigung gemeinsamer Rechte und Interessen durch die rohe Stärke allein erkennen zu lassen.

Über die drei anderen Formen spreche ich nicht. Sie gleichen den drei erstgenannten nur scheinbar. Die „sabotage" ist nichts anderes als eine Folge einzelner Handlungen, die ihrer Natur und ihrem Grade nach die Tragweite eines Verbrechens oder des Ausflusses übler Laune haben können. Die „Lynchjustiz" bezieht sich auf ganz bestimmte gesellschaftliche und sittliche Zustände. Ebenso das „Duell".

* * *

Baron d'Estournelles de Constant, Senator, Paris:

Ich glaube nicht und auch Darwin hat meines Wissens niemals gesagt, daß die Gewalt das letzte Wort im Lebenskampfe führe. Ich glaube im Gegenteil, daß heutzutage die Gewalt, weit davon entfernt, Konflikte zu lösen, sie nur verschärft und vervielfacht. Unser Irrtum besteht darin, die Zukunft nach Maßstäben der Vergangenheit zu betrachten. Alles verändert sich, und der Sieg im Lebenskampfe wird nicht den Gewalttätigsten, sondern den Intelligentesten, den Voraussichtigsten, den best Organisierten, den Gesündesten gehören. Der Krieg wird jeden Tag an Basis verlieren; er wird nur mehr als Zurückweisung eines Angriffes Geltung finden, aber da der Angreifer eine immer isoliertere Stellung einnehmen wird, wird es immer undankbarer werden, anzugreifen.

Die Revolution wird, wie der Krieg, eine heilsame Verteidigung gegenüber der Unterdrückung bleiben, gerade wie auch Streik und Lynchjustiz, wenn die Justiz versagt.

Das Duell ist lächerlich und überlebt. Sogar die Liebhaber der Fechtkunst verachten es im Ernst.

* * *

William J. Mc. Alonan, Kommandeur der Heilsarmee für Deutschland, Berlin:

Als Nachfolger des Gottmenschen, der uns das neue Gebot, daß wir einander lieben sollen, gegeben hat, halte ich alle Gewaltanwendungen der gedachten Art für höchst beklagenswert. Die Anwendung der Gewalt schadet nicht nur dem Schwachen, Unterliegenden, sondern auch für den Sieger bringt sie große und schwere seelische Nachteile mit sich. Jeder neue Sieg der Gewalt läßt in dem Überwinder die egoistischen Gefühle immer mehr erstarken und macht ihn immer unempfindlicher gegen die berechtigten Ansprüche seiner Mitmenschen. Er gelangt zu seinem eignen und seiner

Generation Schaden mehr und mehr dahin, sich als Herr und nicht als Glied zu fühlen. Wirklich durchgreifende dauernde Abhilfe kann hier nur geschaffen werden, indem der einzelne zurückkehrt zum Heiland der Welt und sich bemüht, nach Jesu erhabenem Vorbild ein Diener der Brüder zu sein. Dann werden wir den Sieg der Liebe, den Christus verkündigte, erleben.

Solange dies Ziel aber nur aus der Ferne winkt, gibt es ein Mittel, das besser ist als alle Schiedsgerichte, und das ist, daß die strittigen Punkte in Güte zwischen Mensch und Mensch erledigt werden. Handelt man so, dann hat man sich einen Bruder gewonnen und diesem selbst und der Menschheit einen großen Dienst geleistet. Sonst aber sind unparteiische Schiedsgerichte, zu denen Beteiligte und Unbeteiligte Zutrauen haben, gut geeignet, die Anwendung jeder Gewalt zu verhindern.

* * *

Pfarrer Otto Umfrid, Stuttgart:

Ich halte alle ungesetzliche Gewaltanwendung für durchaus und in jeder Hinsicht verfehlt. Die sogenannten Lösungen, die auf dem Weg der Gewalt herbeigeführt werden, sind immer nur scheinbar; in Wirklichkeit sind jedesmal Unterdrückungen gewisser Gegenströmungen damit verbunden, die neuen Anlaß zu Konflikten geben und schwere Komplikationen herbeiführen. Die letzteren werden , sobald die Gelegenheit für die Unterdrückten günstig ist, in neuen Explosionen sich Luft machen. Man sagt uns: Druck erzeugt Gegendruck: ein unterdrücktes Volk hat das Recht, sich auf kriegerischem Wege zu befreien oder durch eine Revolution die Tyrannenmacht zu brechen. Das ist derjenige Fall, den Schiller im Auge hat, wenn er schreibt: „Wenn der Gedrückte nirgends Recht kann finden, wenn unerträglich wird die Last, greift er hinauf getrosten Mutes zu den Sternen und holt herunter seine ewigen Rechte“. . . . In diesem Fall kann man die Gewaltanwendung verstehen, die Aufgabe unserer Zeit kann es aber nicht sein, Zustände bestehen zu lassen, in denen man sich genötigt sehen könnte, Gewalt zu brauchen, sondern Zustände zu schaffen, welche die illegitime Gewaltanwendung ausschließen, Zustände, in denen das von Schiller noch vermißte Recht gefunden werden kann.

Der Krieg wird tatsächlich nicht bloß als ein verbrecherisches, sondern geradezu als ein überflüssiges Unternehmen erscheinen, wenn den Staaten ihre Territorien garantiert werden, wenn dem Handel die Türen offenstehen, wenn den übervölkerten Staaten die Möglichkeit gegeben ist, den Überschuß ihrer Bevölkerung in überseeischen Ländern anzusiedeln auf Grund von Niederlassungsverträgen und in Anwendung des Gesetzes der Hospitalität, und wenn etwaige Streitigkeiten auf dem Wege schiedsrichterlicher Entscheidung geschlichtet werden. Sollte auch nach Aufrichtung der internationalen Rechtsordnung an irgendeinem Punkt der Erde eine diese Ordnung durchbrechende Erhebung vor sich gehen, so müßten die verbündeten Mächte diese Erhebung mit Gewalt niederschlagen, diese Gewaltanwendung aber, nicht im Interesse eines einseitigen nationalen Vorteils ausgeübt, sondern im Namen und Auftrag des göttlich-menschlichen Rechts unternommen, ist keine illegitime Gewalt, kein Krieg mehr, sondern eine Polizeiaktion.

Der Streik, wie er heute geübt wird, ist ein Akt des inneren Kriegs, des Klassenkampfs, in dem wir uns befinden, hervorgerufen einerseits durch die Ungerechtigkeiten, die mit der kapitalistischen Wirtschaftsordnung zusammenhängen, andererseits durch die Begehrlichkeit der nach der Herrschaft lüsternen Arbeiter. Man organisiere die Berufsgenossenschaften in lückenloser Weise innerhalb der Grenzen der einzelnen Nationen nach Analogie der alten Zünfte, aber nicht in Gleichförmigkeit mit ihnen; man gebe diesen Berufsgenossenschaften gesetzgeberische Vollmachten innerhalb ihrer Branche, so daß sie im Zusammenwirken mit anderen Genossenschaften Arbeitszeit, Löhne und Preise festsetzen dürfen, man setze einen Lebenslohn fest, der für eine Arbeiterfamilie zum menschenwürdigen Leben reicht, unter den nicht heruntergegangen werden darf, man räume den Arbeitern ein Mitbestimmungsrecht in der Verwaltung des industriellen oder sonstigen Etablissements ein, man gebe ihnen eine gründliche Ausbildung, verschaffe ihnen einen Einblick in die Gesamtheit des Betriebs, lasse sie im ganzen Fabrikraum herumkommen in einem vernünftig geregelten Wechsel der Tätigkeit; man löse die Wohnungsfrage, man entziehe die notwendigsten Lebensmittel der Spekulation und erstrebe eine gesetzmäßige Festlegung erschwinglicher Preise für die Nahrungsmittel, und man wird den sozialen Frieden herstellen und dadurch den Arbeitern die Veranlassung zu Streikbewegungen und anderen revolutionären Akten entziehen. Eisenbahn- und Poststreiks müßten im Interesse der Gesamtheit unter allen Umständen vermieden werden. Dazu aber sollten beide Betriebe schon heute immer und überall staatlich organisiert werden, denn nur der Staat hat heute die Macht, für die Wohltat der Sicherstellung seiner Beamten auch das Äquivalent unverbrüchlicher Diensttreue zu verlangen und diese Treue, wenn er richtig organisiert ist, auch zu erzwingen.

Die Lynchjustiz ist eine durchaus verwerfliche Methode, ein Vergehen zu bestrafen, ein rohes Überbleibsel des Naturzustandes der Völker, ein Ausbruch der Rachsucht, der um so abscheulicher ist, je weniger Garantie er bietet für die richtige Abwägung des Strafmaßes, ja auch nur für die Feststellung des wahrhaft Schuldigen. Der Ersatz dafür ist die geordnete Rechtspflege, die vielleicht gegenüber ausgesprochenen Roheitsverbrechen vielfach strenger sein dürfte, als sie es tatsächlich ist. Man wende die legitime Gewalt in ausgiebiger Weise an, dann wird man nicht riskieren, daß die Bestie im Pöbel die Ketten zerbricht und zu illegitimer Gewaltanwendung schreitet.

Revolutionen scheinen vielfach durch die Geschichte sanktioniert zu sein, so insbesondere die französische Revolution vom Jahre 1789, die russische aus dem Anfang dieses Jahrhunderts, die portugiesische vergangenen Jahres usw. usw. Man muß aber wohl unterscheiden zwischen den berechtigten Forderungen der Revolutionäre und der gewaltsamen Art der Durchführung dieser Forderungen. Gegen die Aufstellung eines revolutionären (d. i. umgestaltenden) Programms ist, wie es von der Idee der Gerechtigkeit eingegeben wird, nichts einzuwenden; man muß dann aber auch der Gerechtigkeit und Wahrheit die Macht zutrauen, sich durchzusetzen, und muß Geduld haben, um auf den Sieg des Lichts zu warten. Die Geschichte der französischen Revolution beweist in ihren Anfängen, welche Macht die Ideen haben. Am 4. August 1789 haben die privilegierten Stände, ohne daß man Gewalt gegen sie gebraucht hätte, auf ihre Privilegien verzichtet. Es ist hier nicht der Ort, zu untersuchen, wie es kam, daß die Revolutionäre nachher doch durch ein Meer von Blut gewatet sind, soviel aber steht fest: die Sympathie, die der französischen Revolution anfangs in der ganzen Kulturwelt entgegengebracht wurde, ist durch den Terrorismus verscherzt worden. In der Schreckensherrschaft aber ist vieles zugrunde gegangen, was wert war, bestehen zu bleiben, und berechtigte Strömungen wurden gewaltsam unterdrückt, die sich nachher für diese ihre Unterdrückung rächten, indem sie das Land nicht zur Ruhe kommen ließen. Eine Abwehr blutiger Revolutionen läßt sich erzielen, wenn die Prinzipien der Gerechtigkeit in der Behandlung der sozialen Frage beobachtet werden, und wenn die parlamentarischen Einrichtungen beweglich genug sind, um dem Willen der Völker den entsprechenden Ausdruck zu verleihen. Die Fürsten aber sollten klug genug sein, um einzusehen, daß die Zeit des Absolutismus unwiederbringlich vorüber ist, und daß die Gewährung freiheitlicher Einrichtungen im Volk die beste Stütze der Throne ist. Andererseits sollten die Völker erkennen, daß ihr Glück nicht notwendig mit der republikanischen Regierungsform zusammenhängt. Die Solidität deutscher monarchischer Verhältnisse im Unterschied von der weitverbreiteten Beamtenkorruption in Amerika z. B. spricht nicht für die absolute Überlegenheit der republikanischen Staatsform.

Das Duell ist ein mittelalterlicher Unsinn, namentlich deshalb, weil schlechterdings keine Garantie für den Sieg des Beleidigten und in seiner Ehre Gekränkten besteht. Der Duellant riskiert, daß er zu seiner Ehre auch noch das Leben verliert. Man gestatte den Ehrengerichten auch über Fragen des intimen Familienlebens zu urteilen und entsprechende Strafen zu verhängen, und man wird, wenn das Gericht aus wirklichen Ehrenmännern besteht, eine Entscheidung erleben, die unter allen Umständen befriedigender sein wird, als ein etwaiger unglücklicher Ausgang des Duells. Kann man in England ohne Duell auskommen, so sollte dasselbe auch in anderen Kulturländern möglich sein.

Zum Schlusse möchte ich mir noch die Bemerkung erlauben, daß der tierische Kampf ums Dasein auf die Menschen nicht anwendbar erscheint, einfach, weil die Menschen vernunftbegabte Wesen sind und sich nicht mit Hörnern und Zähnen um die Futterplätze zu streiten brauchen. Sodann aber besteht dieser „Kampf ums Dasein“ nach Darwin in der Hauptsache überhaupt nicht darin, daß etwa die Tiere derselben Gattung sich gegenseitig zerfleischen, wie es vernunftwidrigerweise die Menschen tun, sondern darin, daß die besser organisierten die Schwierigkeiten, die der Entwicklung entgegenstehen, besser überwinden und daher gegenüber den minder gut organisierten überleben. Das kann auch für die Menschen gelten, aber dazu brauchts keine Gewalt.

* * *

A. D. Xenopol, Professor an der Universität von Jassy, Mitglied der rumänischen Akademie:

Der Daseinskampf vollzieht sich in den untergeordneten Lebenssphären bei Tieren und Pflanzen mit den Waffen der physischen Kraft. Der Stärkere siegt über den Schwächeren sowohl im Kampf der Gattungen als auch der Individuen.

Es versteht sich von selbst, daß das Phänomen des Kampfes ums Dasein auch für die Menschheit gilt, und daß sich in ihren Anfängen dieser Kampf ebenfalls ausschließlich auf dem Boden der physischen Kraft entspann. Aber der Mensch trug einen Keim zum Geistigen in sich: Ideen von Moral und Recht, die den brutalen Wettstreit verminderten, den Schwachen gegenüber dem Stärkeren schützten im Dienste eines Ideals. Die Idee war es, der die Kraft weichen mußte und die den Kampf ums Dasein auf ein anderes

Feld übertrug. Und diese menschlichste aller Tendenzen war es, die den Zusammenschluß der Gesellschaften in Staaten ermöglichte.

Wie der Mensch zugleich Tier und höheres Wesen ist, hat sein Kampf ums Dasein sich allmählich von seinen primitiven Formen losgelöst, um mit der Zivilisation Schritt zu halten; dieser Aufstieg war das Werk einer langen Entwicklung und noch ist er nicht beendet. Der Unterschied zwischen der Gewaltanwendung in einer Revolution und derjenigen im animalischen Leben besteht darin, daß die Revolution Gewalt anwendet, um Gerechtigkeit zu sichern oder zu erlangen. Aber die Zivilisation selbst überwindet die Gruppen, welche Macht und Reichtum für sich behalten wollen, statt sie an die Menschheit zu gerechtem Allgenuß zu verteilen. Die Revolutionen werden immer seltener. Sie werden ersetzt durch Streiks, die eine viel sanftere Form der Revolution sind — obgleich sie die besitzenden Klassen oft nicht wenig in Schrecken versetzen. Es ist immer Gewaltanwendung um Recht zu erringen, aber diese Gewalt ist durch eine Form gemildert, die sie dem Rechte entlehnt hat, so daß sogar ein „Streikrecht“ entstehen konnte.

Es wäre gut, wenn die Menschheit die Überzeugung gewänne, daß sie alles von der natürlichen Entwicklung der Gesellschaften und von der immer vollkommeneren Vorherrschaft der Idee des Rechtes zu erwarten habe, die endlich das von den Römern geträumte suum cuique herstellen würde.

In den Beziehungen der Völker dringt die Rechtsidee viel schwerer durch, da dieses Recht, wie klar es auch von jedermann erkannt werde, nicht aufgedrängt werden kann, weshalb der Daseinskampf unter den Völkergruppen noch für lange — wenn nicht immer — die harte und unentwickelte Form aufweisen wird, die er in den untergeordneten Lebensregionen besitzt.

* * *

Dr. August Forel, eh. Professor der Universität Zürich:

Auf Ihre erste Frage antworte ich im großen und ganzen mit „Nein“. Die Gewalt ist ein verwerfliches Mittel, das Gewalt auf der Gegenseite erzeugt. Wohl aber gibt es gegenwärtig noch Ausnahmen, dort, wo ein Mißbrauch der Macht oder der Stärke sich eingeschlichen hat. Solche Ausnahmen bilden:

1. der Krieg, der sich auf die Verteidigung beschränkt,

2. die Revolution gegen nichtswürdige Tyrannei (z. B. die Revolution der Türkei gegen Abdul Hamid),

3. der Streik, der durch den Mißbrauch des übermächtigen Kapitals gerechtfertigt erscheint, aber nur dann, wenn er sehr gut organisiert, gerecht und seines Erfolges sicher ist.

Die Sabotage, die Lynchjustiz, das Duell sind Barbarei, die gar nichts rechtfertigen kann.

Es muß nicht erst gesagt werden, daß Krieg, Revolution und Streiks nur das letzte und äußerste Mittel der gerechten Notwehr gegen schreiende Übelstände sein dürfen.

Nach meiner Ansicht sollte der Krieg zwischen zivilisierten Völkern verdrängt werden anfangs durch ein Schiedsgericht (ich kann mich hier für keine bestimmte Form aussprechen, weil ich die Materie zu wenig beherrsche), später aber durch eine friedliche Föderation aller Kulturnationen; diese Föderation ist ebensowenig undurchführbar wie die der Vereinigten Staaten von Amerika oder von Deutschland oder der Nationen in der Schweiz.

Die Revolution soll verdrängt werden durch eine allmähliche gesellschaftliche Entwicklung, die auf die Mündigwerdung des Volkes hinzielt durch eine alle Schichten durchdringende Bildung, durch das allgemeine gleiche Wahlrecht für Männer und Frauen und durch die allmähliche Beseitigung von Kapitalismus und Trusts.

Der Streik endlich soll nach und nach verdrängt werden durch die Kooperation von Produktion und Verbrauch, Hand in Hand mit der Unterdrückung des Kapitalismus und der Trusts.

Vom Standpunkt der Höherbildung der Rasse ist der moderne Krieg kein Läuterungsmittel mehr, er bringt keinen Aufschwung, sondern das Gegenteil, denn er vernichtet die Stärksten, während er in alten Zeiten die Schwachen ausgemerzt hat. An seine Stelle tritt die Eugenik (im Sinne Fr. Galtons), d. h. die Selektion der Besten, der Gesunden, Ausdauernden, Klugen, Guten, gepaart mit Rassenhygiene (künstliche Unfruchtbarkeit der Degenerierten, Verbot des Ausschankes alkoholischer Getränke usw.).

* * *

Frédéric Stackelberg, Nizza:

Im Lebenskampf ist die Gewalt bei weitem nicht der wichtigste Faktor.

Blind und wütig, wie wir sie bei den wilden Tieren beobachten, gleicht sie einem anorganischen, primitiven Zustand und erklärt sich durch die Unwissenheit, die Mutter allen physischen und geistigen Elends.

In einem höheren Entwicklungsstadium macht die gegenseitige Hilfsbereitschaft der chaotischen Feindseligkeit das Feld streitig.

Schon beim prähistorischen Menschen und bei seinen vierfüßigen Vorläufern bürgert solidarisches Empfinden sich ein. Bei gewissen hochentwickelten Tierarten erreicht es einen bedeutenden Grad der Vollkommenheit; und in unserer heutigen Menschheit sind seine immer größeren Fortschritte nicht zu leugnen.

Seit den ältesten Zeiten, wo die Menschen sich fraßen, über die Epochen der Sklaverei, der Leibeigenschaft und in die Lohnarbeit hinein ist es von Jahrhundert zu Jahrhundert lebendiger geworden. Es ist also keine zu kühne Behauptung, daß die Zivilisation im umgekehrten Verhältnis zur Gewalt stehe und daß unsere Gesellschaft, die noch auf die Lohnarbeit gegründet ist, schon den Keim zu einer fortgeschritteneren, den zeitgenössischen Notwendigkeiten angepaßteren Gesellschaft in sich trägt.

Die internationalen Kriege und die Revolutionen im tiefen und sozialen Sinn des Wortes sind noch gegenwärtig die beiden charakteristischesten Äußerungen der Gewalt. Die Kriege hatten ihre Daseinsberechtigung, als noch keinerlei Solidarität zwischen den Völkern bestand und der Sieger tatsächlich in Form der Beute aus der Niederlage des Gegners reichen Gewinn zog. Heute ist das anders.

Heute verlöscht die kapitalistische Produktion, die den Erdball immermehr einspinnt, im Nu die nationalen und Rassenzwiespälte, um nur den Klassenantagonismus zu schüren: zwischen Besoldeten und Besoldern, Besitzlosen und Besitzenden.

Die soziale Revolution ist folglich eine altruistische Notwendigkeit. Nur sie wird den Weltfrieden herbeiführen, indem sie die Kluft, die den Arbeiter von seinem Arbeitsprodukt trennt, einer versöhnten, gemeinsam arbeitenden, freien und solidarischen Menschheit zum Heil, ausfüllen wird. Aber es ist nicht erwiesen, daß diese Revolution unbedingt eine gewaltsame sein müsse. Wenn sie es selbst sein müßte, was ausschließlich vom Grad des Widerstandes der Privilegierten abhängt, so wäre sie es gewiß weniger, als die dynastischen und kapitalistischen Kriege es waren, die vom Beginn der menschlichen Gesellschaften unseren Planeten mit Blut getränkt haben.

Als unvermeidlicher Abschluß einer langen ökonomischen und geistigen Entwicklung wird die proletarische Revolution alles unfruchtbare Rachenehmen verabscheuen, nur die ökonomische Umwälzung im Auge behaltend. Sie wird um so ärmer an Gewaltakten sein, als eine relative Freiheit den arbeitenden Klasse gestattet haben wird, sich vollständiger zu organisieren und einen höheren Begriff von ihrer Stärke zu erlangen.

Ausgedehnt auf die großen Produktionsmittel (Eisenbahnen, Bergwerke, Elektrizität, Post usw.), scheint der Streik der Hebel werden zu sollen für die Verlegung der sozialen Achse vom Kapitalismus und seinen Günstlingen nach der Seite der Arbeit und der gemeinschaftlichen Produktion, die für die Bedürfnisse der Gesamtheit aufkommt.

Die Sabotage, die bei der Verkaufsproduktion ganz unten steht, ist an und für sich nicht das Kampfmittel der Arbeiter und Revolutionäre. Der Arbeiter kennt seinen technischen Wert zu gut, um frohen Mutes zu diesem zweischneidigen Schwert zu greifen.

Außerhalb des Krieges und der Revolution, die die typischen Beispiele der Gewaltanwendung sind, wäre noch sehr vieles zu sagen über ihre heuchlerischste und widerwärtigste Form, in der die atavistische Grausamkeit der menschlichen Rasse einherschreitet, und die in dem Rechte, das die Nutznießer der Gesellschaft sich immer beigelegt haben, besteht, die Opfer ihrer schlechten Organisation zu strafen und zu züchtigen.

Den als antisozial berüchtigten Handlungen liegt entweder ein natürliches Gebrechen, eine unrichtige Erziehung oder graues Elend zugrunde. Sie werden ausgerottet oder geheilt werden erst mit der Allgegenwart des Lichts und des Wohlstandes.

„Strafe" ist unter diesen Bedingungen nicht nur eine überflüssige Pose, ein wahrhaftes testimonium paupertatis, sondern auch ein unheilvolles Beispiel von sozialer Lüge und dummer, feiger Blutgier. Doch hier ist diese Frage vom Recht des Strafens nicht abzutun, und habe ich sie nur gestreift, um meine Ansicht über das Duell und die Lynchjustiz schärfer zu umgrenzen.

Das Duell als „Gottesurteil" ist mit der Feudalherrschaft gefallen. Was übrig blieb von dieser altertümlichen Gewohnheit, in der der Zufall höchster Richter war, weckt nur Verachtung. Das moderne Duell ist wie etwa der Spiritismus ein Zeitvertreib für Beschäftigungslose, ein mondainer Sport. Hier wird der Zuschauer halber gekämpft, und wenn einmal ein Todesfall dazwischen kommt, so ist der Verlust für die Gesamtheit nicht allzu empfindlich.

Anders mit der Lynchjustiz.

Als Reflexerscheinung althergebrachter Vorurteile oder lang verhaltenen Zornes ist die Lynchjustiz immer eine bedenkliche Sache.

An dem Wendepunkt der Geschichte, an dem wir angelangt sind, werden die Einrichtungen der Vergangenheit durch die ökonomische Entwicklung in Frage gezogen und durch die wissenschaftliche Kritik in Stücke geschlagen. Keine Flickarbeit wird fortan das Unvermeidliche aufhalten. Die Vertauschung des kapitalistischen Systems gegen das Gesellschaftseigentum, der Beherrschung des Menschen durch den Menschen gegen die gemeinsame

Verwaltung der Produktion, der theokratisch-juridischen Ehe und Familie gegen die freie Liebe und freie Verbindung ist unausbleiblich. Die Kraftaufwendungen der herrschenden Klasse zur Verhinderung dieser von der Geschichte vorgezeichneten sozialen Erneuerung können nur ein Resultat haben: daß die Umwälzung eine um so gewaltsamere und darum schmerzhaftere werde.

Um die Gewalt zu vermeiden oder wenigstens auf ihr Minimum zu reduzieren, wird ein Einverständnis aller Kräfte, die guten Willens sind, immer unumgänglicher.

* * *

Dr. N. R. af Ursin, eh. Vizepräsident des finnischen Landtags:

Die Menschheit braucht sicher Ideale (positivistische, individualistische sozialistische usw.), um Fortschritte in Kultur und Gesittung zu machen. Alte Ideale verschwinden, neue tauchen auf. Heutzutage ist wohl das Ideal der Humanität am meisten verbreitet, das von einigen zu einer Art von Religion (Feuerbach, Comte, Natorp) erhoben worden ist.

Und doch beruht trotz aller Kultur die jetzige Gesellschaft noch wesent lich auf Gewalt. Sogar Saint-Simon, der größte Befürworter friedlicher Entwicklung, mußte es zugeben: „Jusqu'à ce jour, les grandes évolutions qui se sont effectuées donc les sociétés humaines ont eu, il est vrai, un autre caractère: elles ont été violantes.“

Das kommt daher, daß die „zivilisierte“ Gesellschaft von alters her in zwei große Klassen geteilt ist: Unterdrücker und Unterdrückte, und diese Zweiteilung wird immer fühlbarer. Carlyle, Tolstoj und andere kleinere oder größere „Propheten“ haben wohl in der letzten Zeit versucht, durch strenge Predigten an die Oberklasse eine Besserung herbeizuführen, aber mit verhältnismäßig wenig Erfolg. Denn die Kluft liegt tief in ökonomischen Verhältnissen begründet, die eine Machtfrage konstituieren und ökonomische Machtfragen werden — leider — wenig von bloßen Strafpredigten beeinflußt. Nur die unausgesetzte Aufrüttelung der leidenden Massen kann hier Wandel schaffen, eine Aufrüttelung, die diese Massen in einer neuen Richtung aktionsfähig macht. Der Sozialismus ist es, den ich meine *). Es ist keine Frage, die Gewalt muß einmal aus der Menschheit verschwinden, aber jetzt ist es offenbar noch nicht möglich — leider! Es wird geschehen, wenn die Unterdrücker nicht mehr da sind, wenn der Sozialismus, die allgemeine Bruderliebe, die Welt regiert.

Krieg, Revolution, Streik können nicht unter demselben Gesichtspunkt betrachtet werden. Im Krieg kämpft eine niedrigere Idee gegen eine höhere, in der Revolution und dem Streik gewöhnlich eine höhere gegen eine niedrigere.

Schon Christus verdammte den Krieg; Tolstoj, der große Nachfolger Christi, hat richtig gesagt, daß Krieg nur Mord ist, nämlich der Offensivkrieg. Zur Defensiv genügt die Miliz: das haben unparteiische große Militärschriftsteller, wie Bleibtreu, unwiderleglich festgestellt. Schon Kant in seinem berühmten Buche (Zum ewigen Frieden) verlangte die Abschaffung von stehenden Heeren, den eigentlichen Hervorrufern des Krieges. Und dennoch, sie stehen noch fast in allen „zivilisierten“ Ländern! Warum denn?

*) An Stelle von Kants Forderung der republikanischen Staatsform als Grundlage des ewigen Friedens muß heutzutage das sozialistische Gesellschaftsprinzip treten.

Die jetzige Gesellschaftsordnung braucht sie notwendig — vor allem aus zwei Gründen. Sie ruht auf der Gewalt: Laveleye, der fromme Gläubige, sagt, daß, wenn die Bajonette nicht wären, jedes Land die furchtbarsten Umwälzungen zu erdulden hätte. Teilweise ist dies wahr. Der „innere Feind“ kann rachsüchtig sein: er hat vielleicht zulange stillgehalten. Und dann der andere Grund: Die stehenden Heere sind nötig, um die Kolonisations- und Spekulationsgelüste der feudalistisch-kapitalistischen Klasse, der eigentlichen Lenker und Stützen der jetzigen Staatsgewalt, zu befriedigen. Man denke nur an die Kriege auf Madagaskar, in Transvaal, in Kiautschou. Die meisten Kriege werden heutzutage, wenn man auf die Gründe geht, der Absatzgebiete wegen geführt.

Was haben alle Schiedsgerichtstraktate vom Jahre 1848 an — die nicht einmal immer vom Mächtigeren einem Schwächeren gegenüber aufrechtgehalten wurden —, was haben „Schiedsgerichte“ zustande bringen können, die ebensogut zurückgewiesen werden konnten, wie es in betreff des Burenkrieges von seiten Englands geschah? Was bedeuten Völkerrechtsinstitute, Friedensligen, Weltfriedenskongresse, Haager Konferenzen, wo man das geltende Kriegsrecht kodifiziert und platonisch die Abrüstungsfrage debattiert? Es sind wenig bedeutente Palliative.

Aber wenn in den Großstaaten im Kriegsfall die Hälfte oder ein Drittel aller Männer zu den Waffen greifen müssen, wenn die stehenden Armeen im Durchschnitt jeden Großstaat jährlich eine Milliarde (!) kosten, so begreift man wohl, daß diese Tatsachen die große Masse des Volkes gegen den Krieg und die stehenden Heere empören können; man begreift, daß die Rekruten (wie in Italien beim abessinischen oder in Spanien beim marokkanischen Feldzug) sich weigern, gegen den Feind zu marschieren — und versteht jene Massenbewegung im Proletariat aller zivilisierten Völker, die es vielleicht schon bald wird eine entscheidende Maßregel treffen lassen — (wie auf dem internationalen Sozialistenkongreß in Kopenhagen vor kurzem zu vernehmen war).

Mit der Revolution und dem Streik steht es, wie schon gesagt, insoweit anders als mit dem Kriege, als erstere meist in Anwendung kommen, wenn Unterdrückte von ihren Unterdrückern bessere Lebensmöglichkeiten erkämpfen wollen. Wenn z. B. ein Souverän einen „Staatsstreich“ vollzieht, um die bürgerliche Freiheit zu schmälern, ist nach mehreren Staatsrechtslehrern das unterdrückte Volk vollberechtigt, Revolution zu machen Ein Generalstreik genügt zuweilen, um eine wichtige Forderung, wie in Belgien das allgemeine Stimmrecht, durchzusetzen. Ja, die bloße Androhung eines Generalstreiks macht oft schon die herrschende Klasse nachgiebig, wie vor allem Englands politische Geschichte lehrt. Sicher ist jedenfalls, daß freiwillig, ohne drohenden Druck, die beati possidentes niemals auf wichtige Rechte verzichtet hat: nicht einmal in der berühmten Nacht vom 4. auf den 5. August 1789! Auf politischem Gebiet gilt das auch heute noch und ebenso auf sozialem.

Die Arbeitgeber im allgemeinen lassen sich nur durch Streik oder Drohung von Streik etwas abgewinnen. Auf der letzten Generalversammlung der Gesellschaft für Soziale Reform im Jahre 1906 wurde einstimmig betont, daß „zwischen Arbeitern und Unternehmern Einigungen vor allen Dingen durch starke Organisationen auf beiden Seiten ermöglicht werden“. Was beweist besser als dies, daß noch jetzt die drohende „Gewalt“ der entscheidende Faktor sei? Mit Recht hob vor der großen englischen Arbeiterkommission ein „witness“ (C. III. Min. 23 477) hervor, daß kein Arbeitgeber durch irgend welche Argumente sich überreden läßt, 7 pences in der Stunde zu bezahlen, wenn er glaubt, daß er nur 6½ pences geben könne.

Untersuchen wir nun einmal die sozialen Schiedsgerichte, sowohl „fakultative“ als auch „obligatorische“! Es lohnt sich natürlich nicht, von Entscheidungen in betreff des geltenden Arbeitsrechts zu sprechen. Nur Lohn und Arbeitszeit kommen hier in Frage! Wirklich wichtige Entscheidungen werden aber doch immer auf Androhung von Gewalt beruhen, die verwirklicht wird in dem Akt der Arbeitsniederlegung oder der Aussperrung, je nachdem, ob der eine oder andere stärker zu sein glaubt. Die neuseeländischen obligatorischen Schiedsgerichte z. B., die anfangs gegen den Wunsch der Arbeitgeber ins Leben gerufen worden waren, stießen schon im Jahre 1906 (s. the Report of ann. Conf. held at Christchurch april 1906 S. 28—29) auf Schwierigkeiten bei den Arbeitervertretern. Kein Wunder! Wenn der Conc. Board kein Übereinkommen zustande bringen kann (und nach dem Amendementakt von 1901 kann allein der andere Gast den anderen zwingen, den Board zu benutzen), so geht die Sache „automatically“ an das Schiedsgericht über, wo ein Richter des obersten Gerichtshofes als Präsident mit einem gewählten Arbeitgeber und Arbeitnehmer die Sache „compulsory“ aburteilt (vgl. The Bull. of the Bureau of Labor n. 49, p. 1185 f. und New Zeal. off. Year-Book 1906, p. 354). Wie kann man voraussetzen, daß dieser Richter, der die Sache also eigentlich endgültig entscheidet, sich freimachen soll von allen Vorurteilen seines Standes, wenn er in den großen sozialen Kampffragen der Gegenwart auch bona fide aburteilen wollte? (Vgl. Webb, Theor. n. Pr. d. engl. Gew. I, 206.) Wie soll er genug soziale Kenntnisse hiefür haben? Wie urteilen auch die gewöhnlichen Richter überhaupt in solchen Fragen? Unmöglich können die Arbeiterinteressen von einem bürgerlichen Richter, auch dem besten, hinreichend gewahrt werden? Wenn man nie und nimmer ein vollkommen unparteiischer Geschichtsschreiber sein kann (vgl. Macanlay), um wieviel weniger unparteiisch im sozialen Kampfe?

Ich komme also zu dem Schlußergebnis, daß „Gewalt“ heutzutage noch nicht entbehrt werden mag, daß Krieg jedoch als konservative Stütze einer reinen Klassenherrschaft, die verurteilt ist unterzugehen, — oder auch einfach als eine andere Form des Menschenmordes keine Berechtigung mehr hat; daß dagegen Revolutionen (hoffentlich nur unblutige) und Streiks, als „Gewaltmittel“ höheren Grades, zur Hebung der unteren Schichten und somit zur Verallgemeinerung des menschlichen Glückes, einen kulturellen Wert besitzen, da der Widerstand der reaktionären Elemente der Gesellschaft wohl schwerlich anders gebrochen werden kann. Der Grad der „Gewaltanwendung“ hängt eben von diesem reaktionären Widerstand ab.

* * *

Hauptmann Henri Bonnet, Paris:

Wie man es auch nehmen mag, die Gewalt, der Ausdruck der brutalen Stärke, war und wird immer der Menschheit verderblich sein: sie zerstört nur, sie kann nicht aufbauen. „Der Stärkere hat immer recht.“

Die Moral jedoch sollte das wahre Recht aufsuchen und dieses kann wieder nur der Ausdruck der Gerechtigkeit sein, wie die Gewalt der Ausdruck der Stärke ist.

Wer kann denn nun Konflikte eigentlich schlichten? Die einzige Antwort auf diese Frage bezeichnet wieder einen Konflikt: Die Stärke oder das Recht.

Wenn das Recht in Wahrheit besteht, ist es zuverlässig und die Stärke muß ihm weichen.

Im gegenteiligen Fall „hat der Stärkere immer recht". Dies genügt, glaube ich, um verstehen zu lassen, daß alles auf die Frage hinausläuft: Was ist das Recht?

* * *

Paul Magueritte, Mitglied der französischen Akademie:

Ich hoffe von unseren fernen Enkeln, daß sie der Gewalt werden entraten können.

* * *

Georges Renard, Professor am Collège de France:

Die Gewalt immer mehr auszuschalten, ist die Tendenz des menschheitlichen Fortschritts. Geschichte und Vernunft stimmen in dieser Erkenntnis überein.

Der Handel, der zuerst kriegerisch war, der später zur Zeit des Faustrechts Schlag mit Schlag vergalt, die Güter der Unschuldigen einzog, da er den Schuldigen nicht erreichen konnte, hat sich an das Handelsrecht gewöhnt und schlichtet seine Konflikte vor besonderen Gerichten.

Was die Arbeit anlangt, so hat sich die Sklaverei in die Leibeigenschaft und diese in ein Lohnsystem verwandelt. Der Streik sogar, der eine Art Krieg im Frieden ist, hat gesetzliche regelrechte Formen angenommen.

Der Gewissenszwang, der den religiösen Glauben verfolgte, der Bekenntnisse durch die Folter zu entreißen nicht verschmähte, und durch Kerker und Scheiterhaufen den freien Gedanken bändigen wollte, versuchte, wagt es heute kaum mehr, sich blicken zu lassen.

Das Duell, das zu feudalen Zeitepochen unausweichliche Forderung war, ist heute nicht mehr als ein eleganter Sport.

Das moderne politische Leben, selbst in seinen blutigsten Revolutionen, duldet keinen Vergleich mit den unausgesetzten Metzeleien, den haarsträubenden Unmenschlichkeiten, die die Kämpfe der griechischen Städte im Altertum kennzeichneten oder der italienischen Republiken im Mittelalter oder der Katholiken und Protestanten im 16. Jahrhundert.

Der Krieg, wie schlimm er auch heute sein möge, auch er hat sich vermenschlicht, er gestattet nicht mehr die Tötung der Verwundeten, die Schändung der Toten; die Unterworfenen können nicht mehr massenweise zu Diensten gezwungen oder ihres Eigentums beraubt werden. Und man hat große Staaten wie England und Nordamerika gesehen Zwistigkeiten durch ein Schiedsgericht entscheiden; Nationen, die in früheren Zeiten sich gewürgt hätten, um eins das andere zu unterjochen, haben sich friedlich verglichen, wie Schweden und Norwegen.

Aber noch gibt es wilde und primitive Völker, noch gibt es in den zivilisiertesten Völkern einen Bodensatz atavistischer Leidenschaften, ferner gibt es noch unterdrückte, geknechtete Völker, wie es auch noch ganze Klassen gibt, die ungerechterweise von Licht und Luft abgeschnitten sind.

Auch die Tradition übt noch ihren starken Bann. Es liegt eben etwas Furchtbares in der Gewalt: sie ruft wieder Gewalt hervor. Der Fortschritt hat sowohl gegen Offensive als auch Defensive zu kämpfen.

Um den Weg des Fortschritts möglichst zu ebnen, bedarf es dreier Dinge:

1. die Gerechtigkeit ehrlich und stark wollen, sich und andere mit allen Kräften zu ihr erziehen;

2. durch die Schule, durch Bücher, Vorträge, Zeitungen der Gewalt entgegentreten, die einzelnen, die Gruppen, die Nationen über ihren rückständigen Charakter aufklären;

3. endlich eine Organisation aller jener herbeiführen, denen der Menschenmord ein Greuel ist, und aus Schiedsgerichten, Abkommen, Verträgen und allen rechtlichen Mitteln ebenso viele Dämme bilden, die sich den Rückfällen in die Barbarei der Vorfahren entgegenstellen.

* * *

Pierre Baudin, Marineminister, Paris:

Man kann den ersten Punkt nicht rein theoretisch beantworten.

Der Gewalt ihre Rolle bei der Lösung ökonomischer, politischer und persönlicher Konflikte absprechen, hieße soviel, als daß man auf handgreiflichen Angriff nicht auch handgreiflich erwidern dürfe. In Wirklichkeit werde ich, wenn man mich schlägt, zurückschlagen, weil ich nicht bloß eine reine Vernunft bin, sondern ein Mensch mit Nerven, Muskeln, Herz usw.

Der langsame Fortschritt der Menschheit gibt wohl Hoffnung auf ein endliches Ausscheiden der Gewalt. Aber so lange diese sich noch unter irgendeiner Form blicken läßt, wäre es müßig, sie zu bejammern.

Die zweite Frage ist offenkundig tendenziös: Sie veranlaßt die Verteidiger des Gewaltsystems womöglich, selbst über die Folgen der Gewaltübung nachzudenken. So lehrt man die kleinen Kinder ihre Fehler beichten und ablegen.

Gewiß kann man auch Männer manchmal wie Kinder behandeln. Andererseits gibt es keine noch so vorzügliche Erziehung, die aus dem Individuum die Instinkte und Leidenschaften ausrotten könnte; auch soll nicht die intensive Glättung der Charaktere ihnen ihre Kanten, ihre Originalität und ihre Verteidigungsmittel rauben.

Über den dritten Punkt werde ich noch kürzer sein.

Alles, was praktisch genommen ein internationales Schiedsgericht fördert, ist heilsam unter der Bedingung, daß es ein Werk geduldiger Überzeugung sei und daß jeder in den Konzessionen, die er dieser internationalen Gerichtsbarkeit machte, Rücksicht nehme auf die Stellung, die sein Gegner ihr gegenüber einnimmt. Man darf sich ihr nicht ausliefern, wenn der Gegner seinerseits nur der Kraft vertraut.

Man kann hierüber eben nicht urteilen, als wenn man nur allein im Spiele stünde.

Man kann hierin auch nicht den allgemein verbreiteten Ideen seines Landes oder seines Zeitalters unverhältnismäßig voraneilen.

* * *

Emile Floureus, eh. Minister des Auswärtigen:

Ich gehöre nicht zu jenen, die meinen, daß man ohne Ehre, ohne Gerechtigkeit und ohne Freiheit leben könne......

*   *
*

Victor Margueritte, Ehrenpräsident der Gesellschaft der Schriftsteller, Paris:

Ich glaube an den Fortschritt — man kann daran glauben oder nicht daran glauben und steht je nachdem auf der einen oder der andern Seite der Barrikade —, und darum baue ich auf Sanftmut und Stärke, die die Klugheit zur Voraussetzung haben.

Ich verabscheue die Gewalt: sie ist die Vernunft der rohen Tiere.

Es lebe das Schiedsgericht — es lebe alles, was zur Überlegung anregt!

In der Realität gibt es freilich ebenso viele Lösungen als „Fälle".

Von Jahrhundert zu Jahrhundert vermindert sich die Gewalt ein wenig dank den Gesetzen, dank dem Wohlstande, dank dem allgemeinen Fortschritt der Zivilisation.

Dieselben Ursachen werden sie selbstverständlich auch weiter vermindern.

Aber sie wird aus der Menschheit nur mit der Menschheit verschwinden

*   *
*

Engelbert Pernerstorfer, Vizepräsident des österreichischen Abgeordnetenhauses:

Das letzte Ziel der Menschheitsentwicklung muß dahin gehen, alle Gewaltanwendung von Menschen auf Menschen aufzuheben. Bis wir zu einer solchen Gestaltung gelangen, wird aber noch eine lange Zeit vergehen, innerhalb deren die Gewalt ein oft unumgängliches Mittel bilden wird. So haben die Völker, so lange sie unterdrückt werden, das zweifellose Recht auf blutige Gewalt, auf Revolution, und wir bedauern z. B. lebhaft, daß die Finnen nicht die Macht haben, sich durch Gewalt des russischen Druckes zu entledigen. So ist jeder noch so blutige Krieg gerechtfertigt, sobald es um nationale Selbständigkeit geht. Der Streik ist kein Gewalt-, sondern ein friedliches Abwehrmittel. Die Sabotage ist grundsätzlich zu verwerfen, doch muß man im Auge behalten, daß sie unter äußersten Umständen ein wenn auch bedenkliches, so doch entschuldbares Symptom der Verzweiflung sein kann und dann eine mildere Beurteilung verdient. Dagegen ist auch schon im heutigen Gesellschaftszustande das Duell wie auch die Lynchjustiz in keinem Falle weder gerechtfertigt noch entschuldbar.

*   *
*

Georges Yvetot, Sekretär:

Der Krieg — Ich glaube, daß kein Krieg erklärt werden könnte, wenn die Arbeiter, die alle Mittel zum Kriege liefern, Verständnis dafür hätten, daß hier ihnen völlig fremde Interessen vertreten werden. Zugleich würde kein Gouvernement die Verantwortung einer Kriegserklärung auf sich nehmen, wenn es im voraus wüßte, daß die Bevölkerung zur passiven Resistenz entschlossen sei und ein Krieg zugleich Revolution bedeute. Unter den Arbeitern, sogar den deutschen, verbreitet sich glücklicherweise immer mehr die Idee, daß auf eine Kriegserklärung von ihrer Seite mit der Erklärung eines Generalstreiks, und auf den Mobilmachungsbefehl mit Insurrektion unmittelbar zu antworten sei. Diese energische Haltung einer einsichtigen Arbeiterschaft hat für den Weltfrieden mehr getan als alle Friedenskongresse und Schiedsgerichtshöfe. Die Furcht vor der Revolution ist der Anfang der Weisheit bei den Finanzmännern und allen Parasiten, in deren Diensten die Regierungen und die Presse- und Parlamentspolitiker stehen. Wenn einer den Nobelpreis verdient, so ist es der revolutionär-antimilitaristisch-antipatriotische Gewerkschaftsführer, der den Regierungen Frieden gebietet, indem er sie mit der Revolution bedroht, die er in den tiefen Massen vorbereitet, die da leiden, nachdenken und in Erwartung des Aufruhrs werken.

Die Revolution. — Ich halte sie für unvermeidlich und alle Augenblicke zum Ausbruch bereit. Ich habe nur eine Furcht: daß das noch unwissende und leicht zu gängelnde Volk nicht die Fähigkeit besitzen wird, auf den Ruinen, die es überall angerichtet haben wird, eine Gesellschaft freier Produzenten zu errichten. Deshalb ist Ziel des Syndikalismus die Befreiung des Arbeiters durch sich selbst. Darum muß jeder wirkliche Genosse und Tatmensch in unseren Reihen in erster Linie Organisator und Erzieher sein.

Der Streik ist mit den Sitten und der Lebensanschauung der Arbeiter, Angestellten und Beamten bereits so sehr verwachsen, daß ein oder mehrere Gesetze ihm den Lebensodem nicht nehmen werden. Der immer vollkommenere Zusammenschluß der Unternehmer, denen die Polizei, die Gemeinde und die Armee immer willigen Beistand leisten, zwingt die Ausgebeuteten, den Streik immer seltener, aber immer wuchtiger und nur im richtigsten Moment nach sorgfältigster Vorbereitung der Schlachtordnung bei besterwogener Gewinnsthoffnung anzutreten. Dieser Zwang reift die Technik des wahren Generalstreiks, der die erste Phase der sozialen Revolution ist.

Die Sabotage ist eine Handhabe für geschickte, intelligente Arbeiter, um den schlechtzahlenden Arbeitgeber an seiner verwundbaren Stelle anzugreifen. Was der Arbeiter absichtlich verdirbt, ist immer nur Werkzeug, nie geht es auf Personen über; die Sabotage des Unternehmers besteht darin, daß er Gesundheit und Leben des Publikums angreift, indem er aus Habgier und Gewinnsucht dem Kunden verfälschte Ware verkauft. Die Sabotage des Arbeiters ist logisch und ungefährlich, die des Unternehmers verbrecherisch.

Die Lynchjustiz entspricht der Verwilderung der Sitten, wie sie durch die verrohende und korrumpierte, das Bürgertum stützende Presse in dem Verfall geweihten Nationen hervorgerufen wird.

Das Duell ist ein Zeitvertreib eitler Gecken oder in den Deckmantel einer atavistischen Gepflogenheit sich verkappender Bluthunde.... Die Arbeiter spotten seiner.

* * *

Dr. Angelo Vaz, Mitglied des portugiesischen Parlamentes:

Ich denke, daß der Fortschritt der Arten im Tierreiche sowohl wie der Individuen viel mehr der gegenseitigen Hilfe als dem Kampf aller gegen alle zu danken ist. Und da die Gesetze der Soziologie nur Folgesätze der biologischen Gesetze sind, muß man, so meine ich, in der menschlichen Solidarität die Leitmotive, die Ideen, die

Empfindungen suchen, die eine aufsteigende Entwicklung zu fördern imstande sind. Aber — man darf nicht vergessen — auch in der Biologie gibt es Fälle, wo die Gewalt notwendig und nützlich ist. Am Ende der Schwangerschaft muß es zu grausamen Schmerzen kommen, bevor das ausgetragene Kind vom Mutterleibe sich losreißen kann, das Licht der Welt zu erblicken. Die Revolutionen sind bei der Geburt neuer Gesellschaftsformen schmerzliche und beklagenswerte Krisen, aber sie sind nützlich und notwendig. Ob man in Zukunft sie wird entbehren können? Ich hoffe es. Das allgemeine, gleiche Wahlrecht, die unmittelbare Volksherrschaft mittels des Referendums, die Idee der freien Wahl auf das wirtschaftliche Leben gerade so angewendet, wie sie schon heute das politische Leben regelt, werden, das bin ich überzeugt, regelmäßige Mittel zur Lösung der gesellschaftlichen Konflikte sein:

Krieg, Revolution, Streik, Sabotage werden alsdann verlassen werden als unnütze und dem Fortschritte der Menschheit hinderliche, veraltete Dinge.

Die Lynchjustiz und das Duell verwerfe ich durchaus und unter jeder Bedingung. Sie passen nicht mehr in unsere Zeit, und ein „Gottesurteil“ anzurufen . . . welche Unvernunft im 20. Jahrhundert!

* * *

Paul-Hyacinthe Loyson, Schriftsteller, Paris:

Die Apologie der Gewalt, wie sie jetzt eben so stark in der Mode ist, ist ein Verbrechen; der Glaube an das Evangelium des Friedens ist leider ein Unsinn. Und ich muß es aussprechen, ich, der Pazifist, ich, der Antimilitarist: daß die Gewalt so lange dauern wird, wie die Menschheit selbst.

Alles, was zu hoffen steht, ist, daß die Formen der Gewalt sich zivilisieren werden, daß der Gebrauch der Waffen ein immer seltenerer werde.

Gewiß ist die Gewalt keineswegs „das wirksamste Mittel des Fortschritts“.

Sie setzt im Dienste des Fortschritts erst ein, wenn die besseren Mittel versagt haben; wie das Messer des Chirurgen öffnet sie den Bauch als letzte Hilfe, und zwar häufig einen vollgepfropften Bauch (da meistens leere Bäuche gegen volle kämpfen).

Gottseidank scheint das Kriegführen im Okzident dank einer fünfzigjährigen politischen, sozialen, ökonomischen und bis zu einem gewissen Grade moralischen Entwicklung mehr und mehr auszusterben. Der bewaffnete Friede ist der Krieg, wohl ein am grünen Tisch ununterbrochener, aber unblutiger Krieg: er ist eine Geißel für die Steuerzahler und Rekruten, aber er ist zweifellos die ideale Form der Gewaltübung unter Nationen.

Demgegenüber erscheint mir das erreichte Stadium im Klassenkampf ein weit unvollkommeneres. Proletarier und Kapitalisten ein und desselben Landes leben in viel direkterer Beziehung zueinander als die Nationen unter sich. Aber damit die Intimität dieser Beziehungen wie unter Nationen eine ruhig gelassene Rivalität zur Schau trage und ein Ersatz der Gewalt gefunden würde, dazu haben die verschiedenen Klassen einander noch zu wenig massakriert: Die auswärtigen Kriege überwiegen in der Vergangenheit die sozialen allzu empfindlich. Zu viele Alexander — und zu wenig Spartakuse. Alles deutet darauf hin, daß die sozialen Kriege in naher Zukunft nachgeholt werden sollen. Fehlt ja doch auch zwischen Kapitalisten und Proletariern jede diplomatische Vermittlung! Hier gibt es nur Gendarmen. Sollte also dem Kapitalismus während der nächsten 50 Jahre auf seinem Wege nach Damaskus nicht ein Licht aufgehen, so wird der Okzident eine wohl ebenso große Jakobinade erleben, als Napoleon seinerzeit in Schlachten Menschenblut vergoß.

Zur Vervollständigung der Festlichkeit werden die „Vaterländer" ihre Kanonen hineinschleudern, und zwar zum Schutze des einheimischen Kapitalismus den Kapitalismus jenseits der Grenze aufs Korn nehmen.

Wenn endlich Europa erschöpft sein wird vom vielen Blutverlust, wird Asien kommen und Abrechnung verlangen. Denn tiefer, unvergleichlicher, weibgeborener als Klassen- und Nationalhaß scheint uns der Haß der Rassen. Die Gelben und wir haben nicht den gleichen Affen zum Ahnherrn. Ein alter Urwaldsstreit wird wahrscheinlich im 22. Jahrhundert auf den Schlachtfeldern des verwüsteten Europa ausgetragen werden.

Schnell, Leser, verblättere diese Seite und verdamme mich, weil ich dir meinen Albdruck ausgeplaudert habe. Kindlein, liebet einander.

* * *

Dr. Zora Priça, Sekretärin der Nationalvereinigung serbischer Frauen:

Sie werden mich entschuldigen, daß ich nicht früher geantwortet habe. Aber, wie Sie wissen, verbringen die serbischen Frauen jetzt den größten Teil ihrer Zeit am Lager ihrer teuren Verwundeten, die mit all der Hingebung und Leidenschaft gepflegt werden, die ihre Taten verdient haben. Dennoch will ich versuchen, Ihnen in einigen Worten meine Empfindung der Frage gegenüber, die Sie beschäftigt, zu schildern.

Die biologischen Gesetze besagen es: Die Natur ist grausam: selbst in das Innerste ihres Meisterwerkes, in das Herz des Menschen, hat sie die Feindseligkeit und den Haß gelegt, und diese Triebe machen den Starken zum Despoten.

Oh, gewiß sollte es keinen Krieg mehr geben, wie überhaupt keine Brutalität und unbilligen Gewaltgebrauch. Aber — wer bürgt uns dafür, daß — ein Schiedsgericht nicht auch martervolle Enttäuschungen bringen, grausamer Ungerechtigkeiten fähig sein könnte?! Wer wagte es, uns zu versichern, daß es nicht langsam, Tropfen um Tropfen, unsere Seelen vergiften werde, noch weniger gutzumachen als der Schwertstich, der nur den Körper durchbohrt?

* * *

Dr. Heinz Potthoff, Düsseldorf:

Die „Kritik der reinen Vernunft" wird alle fünf Gewaltmittel verwerfen und an ihre Stelle das Recht setzen; das heißt der Lynchjustiz das geordnete, amtliche Strafverfahren; an Stelle des Duells das Ehrengericht; an Stelle des Streiks (und seines Gegenstücks: der Aussperrung) Einigungsämter, Schiedsgerichte und Tarifverträge; an Stelle der Revolution die geseztmäßige Änderung der Verfassung; und an Stelle des Krieges das Haager Schiedsgericht.

Aber die „praktische Vernunft" wird leider erkennen, daß eine völlige Beseitigung der fünf Gewaltmittel an Voraussetzungen gebunden ist, die gegenwärtig nicht bestehen und in absehbarer Zeit auch nicht zu erreichen sind: nämlich ein tadelloses Funktionieren der Rechtsinstitute; eine Entscheidung, die stets der Gesamtheit oder einer überwiegenden Mehrheit der Beteiligten als gerecht und vernünftig erscheint; und eine Gewalt, die auch die andern nötigt, den Spruch zu respektieren. In welchem Lande ist das vorhanden oder zu erwarten?

Die deutsche Rechtsprechung (um mich auf das eigene Land zu beschränken) ist ebensowenig immer sozial wie die Gesetzgebung. Beide entsprechen oft weder den Bedürfnissen unserer fortschreitenden Entwicklung noch den Volksanschauungen. Einen Ehrenschutz gewähren unsere ordentlichen Gerichte so wenig wie die verschiedenen Standesehrengerichte; im Gegenteile wachsen sich Beleidigungsprozesse meistens zu den schlimmsten Ehrenkränkungen des Klägers aus. Das Arbeitsverhältnis ist überhaupt noch nicht völlig rechtlich geordnet, sondern noch überwiegend Gewaltverhältnis; und so lange Verwaltung und Gericht ihr Möglichstes tun, in allen Streitigkeiten unbesehen die Partei der Arbeitgeber zu ergreifen und die Arbeiter auch in der Wahrung allgemeiner Volksinteressen zu hindern, können staatliche Zwangsschiedsgerichte keinen Erfolg haben. Die Verfassung ist ein Blatt Papier und keine Friedensbürgschaft, so lange sie nicht von allen Verwaltungsorganen peinlichst eingehalten wird. Und wo ist die Macht, die einen der Großstaaten hindern könnte, trotz internationalen Schiedsspruchs seinen Anspruch mit dem Schwerte zu erkämpfen?

Deswegen glaube ich nicht an eine völlige Beseitigung einer der Gewaltäußerungen in absehbarer Zeit. Ich würde sie begrüßen, weil ich die Schädigungen für unendlich größer halte als den Nutzen. Allerdings, so lange die genannten Voraussetzungen nicht erfüllt sind, bleiben die Gewaltmittel nicht nur unentbehrlich, sondern oft auch nützlich. Die Schädigungen durch einen um erheblicher, guter Interessen willen geführten Arbeitskampf dürften in der Regel geringer sein, als es die Schädigungen der Gesamtheit durch ein wirtschaftliches, gesundheitliches, kulturelles Zurückbleiben der Arbeiterschaft sein würden. Und eine Bevölkerung, die durch Vorwärtsstreben oder Rechtsgefühl zu Selbsthilfe und Gewalt getrieben wird, scheint mir bei weitem besser als eine, die jedes Unrecht und jede Unterdrückung schweigend duldet. An dei Auslese durch den Kampf ums Dasein glaube ich nicht, denn es bleiben nicht die Besten übrig. Im Gegenteil dienen die Gewaltmittel großenteils dazu, die schlechten Elemente zu schonen und die kräftigen zu vernichten; so namentlich der Krieg nur die feldtauglichen. Die Kriegsbereitschaft wirkt zweifellos stählend auf Körper und Geist. Aber viel besser noch wäre es, wenn diese Stählung durch richtige Erziehung, Sport, Kulturarbeit in gefährlichen Gegenden usw. erreicht und die Milliarden der Heeresrüstung produktiven oder sozialen Zwecken dienten. Die studentische Mensur (mit nicht tötlichen Waffen) ist ein vortreffliches Erziehungsmittel, ein ritterlicher Sport und für die Verkehrssitten viel zuträglicher als Prügeleien und Gerichtsszenen.

Für die soziale Auslese viel wichtiger als alle Gewaltmittel ist eine richtige Sozialpolitik, die sich von dem thörichten Humanitätsgrundsatze freimacht, Fürsorge wäre um so nützlicher, je unnützer sein Gegenstand. Der Mensch ist der Gesamtheit nur soviel wert, als er ihr leistet. Nur der Gesunde, Arbeitsfähige ist ein Aktivposten in der Bilanz des Volkes und der Menschheit. Der dauernd Leistungsunfähige, der Krüppel, ist ein Passivposten. Ihn zu pflegen ist ein vom Mitleid empfohlener — Luxus. Man sollte sich fragen, ob das Volk reich genug ist, sich solchen Luxus zu gestatten. Deutschland ist m. A. nach nicht reich genug dazu. Für jeden Krüppel, den wir erhalten, gehen zwei gesunde Kinder aus Mangel zugrunde. Besser als Krieg und sonstige blinde Gewaltauslese ist eine Sozialpolitik, die Kapital und Arbeit dahin verwendet, wo es reiche Frucht trägt.

Im übrigen sehe ich die Wege zur allmählichen Annäherung an die im Eingang genannten Friedenszustände in der Erziehung der Menschen zur Wahrheit und Gerechtigkeit und in der Demokratisierung der Staaten zur Selbstverwaltung der Völker.

* * *

Prof. Frederick J. Gould, London:

Ich bin der Ansicht, daß es nötig ist, zur Gewalt zu greifen:

1. wenn das Recht der freien Rede in Versammlungen usw. unterdrückt oder eingeschränkt wird;
2. wenn aus irgendeinem Grunde (mit Ausnahme von Anstandsrücksichten) die Presse der Zensur unterworfen wird.

Was die einzelnen Erscheinungsformen der Gewalt anbetrifft, so sollten hinsichtlich des Krieges alle Regierungen und alle Institutionen moralischen Charakters eintreten für:

1. das Haager Schiedsgericht;
2. die Ersetzung der nationalen Flotten durch eine internationale Flotte, die zu Polizeizwecken von allen Regierungen gemeinsam unterhalten würde;
3. die Entwicklung der Heere zu demokratischen Bürgerheeren, die sich allmählich einer ausschließlich polizeilichen Einrichtung nähern.

Streiks sind gerechtfertigte und notwendige Protestkundgebungen der Proletarierklasse gegen wirtschaftliches Elend; wenn diese jedoch vernünftig organisiert ist, kann sie auch ohne Gewalt auskommen.

Was das Frauenstimmrecht anlangt, so bin ich für allgemeines Stimmrecht der Erwachsenen — jeder Mann eine Stimme, jede (verheiratete oder unverheiratete) Frau eine Stimme. Gewaltausübung seitens der „Frauenrechtlerinnen“ sehe ich als ernstlichen Verstoß gegen die soziale Ethik an. Die Frau ist eine wesentliche Garantie der Ordnung; das Beispiel gewalttätiger Frauen wirkt ungünstig auf die anarchistischen Elemente der Menschheit ein und ist besonders gefährlich für die Vorstellungswelt der Kinder.

Das Duell endlich ist eine lächerliche Reliquie aus dem Mittelalter.

* * *

Charles Beauquier, Mitglied des französischen Parlaments:

Gewiß wünschte ich von ganzem Herzen, daß die Gewaltmittel immer und überall durch gesetzliche Maßnahmen ersetzt würden; aber Vernunft und Erfahrung überzeugen mich, daß dies ein (wenn nicht utopischer) doch recht schwer zu erfüllender Wunsch ist. Die Anmaßung, die Eitelkeit, das Eigeninteresse, die Habsucht und andere Leidenschaften und andere Laster stellen sich dem definitiven Triumpf des Rechtes über die Stärke wohl noch für lange entgegen.

In bezug auf den Krieg gestehe ich, daß ich die Illusion hatte, die zivilisierten Nationen möchten sich dahin verständigen, gemeinsam abzurüsten und alle ihre Differenzen einem internationalen Schiedsgericht zu überantworten. Nachdem ich an zahlreichen Friedenskongressen mit Hunderten von Parlamentariern der verschiedensten Nationen teilgenommen hatte, nachdem ich 14 oder 15 Staaten sich unterschriftlich verpflichten sah, ihre Konflikte den internationalen Richtern im Haag anheimzustellen, glaubte ich höchst naiv, daß Europa der Frieden geschenkt worden sei, und daß die anderen Weltteile uns folgen würden.

Doch ach, seit von internationalen Schiedsgerichten die Rede ist, zankt man sich mehr denn je. Eine wahrhafte Räuberpolitik wird unter unseren Augen getrieben. Sowie ein Volk in den Ruf kommt, keinen Widerstand leisten zu können, überfällt es der mächtige Nachbar und nimmt ihm Land und Freiheit.

Zeigen es denn nicht allein die kolonialen Eroberungen, daß die Gewalt ihre Herrschaft niemals verleugnet hat? Anerkannt muß werden, daß in der heutigen Gegenüberstellung der Staaten die Anwendung der Stärke zuweilen gerechtfertigt erscheint. Um jeden Krieg moralisch unmöglich zu machen, müßten die menschlichen Gesellschaften eines Tages alle in Gerechtigkeit und Freiheit organisiert werden; man müßte damit anfangen, alle Unbilligkeiten, alle Unterdrückung, die gewisse Völker zu erdulden haben, aus der Welt zu schaffen.

Da es als absolutes Prinzip gelten muß, daß eine Nation Herrin ihres Schicksals und der Wahl ihrer Regierung zu sein hat, müßte vor allem eine jede in den Stand gesetzt werden, diese Wahl zu treffen. Erst dann, wann es nicht mehr Unterdrückte und Unterdrücker gäbe, könnte ernsthaft von der Abschaffung der Kriege die Rede sein. Sowie keine Nation mehr gegen ihre Lage etwas einzuwenden hat, erscheint es entsprechend, die hergestellte Ordnung unter den Völkern aufrecht zu erhalten.

Was vom Kriege gilt, gilt ebensogut von der inneren Politik; das unterdrückte Volk, das durch kein Wahlrecht dem, was es für recht und gut hält, zum Siege verhelfen kann, verdient keinen Tadel, wenn es zur Gewalt greift.

Gegen Streik und Duell müßte von heute an ein Schiedsgericht unverzüglich eingesetzt werden mit strengen Maßregeln gegen solche, die sich dessen Entscheidungen nicht unterordnen sollten.

* * *

Th. Ruyssen, Prof. an der Universität von Bordeaux, Präsident der Gesellschaft „Frieden durch Recht".

Daß die Vernunft den Abscheu des Gefühls gegen die Gewalt teilen muß, bedarf kaum einer Versicherung. Weder beweist die Gewalt etwas (doch nicht einmal die Stärke des Siegers — denn wie oft ist der Sieg nur der Erfolg glücklicher Zufälle —) noch legt sie zu etwas dauernden Grund, da sie bei den Besiegten das bittere Gefühl der Auflehnung erweckte, das den Sieger in einen Verteidigungszustand treibt.

Allemal, wo daher die gesetzlichen Mittel gestatten, Gewalt zu sparen, wird kein geklärter Geist Kraftäußerungen fordern. Das Recht ist ja dazu da, Konflikte durch die direkt Beteiligten unter Ausschluß der organisierten Gesellschaft regeln zu lassen. Anerkennen, daß Gewalt vor Recht gehen könne, hieße, dieses an der Quelle vergiften.

Aber so selbstverständlich die Theorie sich gibt, so schwierig erscheint ihre Anwendung all jenen, die das Gefühl der Nuancen und einen Sinn für die Realität der Dinge haben. Überall Recht vor Gewalt gehen lassen, das ist leicht gesagt; aber es hat auch nur Sinn und Wirksamkeit, wo ein Minimum von juridischen Institutionen mit einer genügenden Einstimmigkeit angenommen, herrscht und da, wo diesem Recht die nötigen Zwangsmittel zur Verfügung stehen.

So ist in unseren Polizeistaaten, wo immer ein Ehrengericht zusammengerufen werden kann, z. B. das Duell, ein sinnloses Rudiment der Vergangenheit und eine unentschuldbare Herausforderung des Gesetzes, welches vorsätzlichen Menschenmord ahndet.

Aber ob der Streik immer vermeidlich ist da, wo die Beziehungen von Arbeit und Kapital noch uneingeschränkt dem anarchischen Gesetz von Angebot und Nachfrage ausgesetzt sind? Wie oft ist nicht in der Geschichte die Gewalt das verzweifelte und erfolgreiche Mittel gewesen, eine Gerechtigkeit herzustellen, die keinerlei Recht verbürgte. Und selbst dort, wo ein geregeltes Recht besteht, kann es nicht vorkommen — und die Geschichte bejaht es —, daß das Recht, das einer vergangenen Generation die Gerechtigkeit verbürgte, der nachfolgenden nicht mehr genug tut, weil es in seinen Formeln stecken geblieben ist, während Bedürfnisse und Lebensansprüche, während das soziale Ideal sich weiter entfaltet hat? Es läßt sich also kaum, ohne in Utopien zu verfallen, ein noch so vollkommenes Recht denken, das für immer alle Versuchung, sich dagegen zu erheben, ja sogar, es zu zerstören, ausschlösse. Absoluter Friede, absolute Gerechtigkeit sind zweifellos ein tausendjähriger Traum, den die Menschheit nie zur Wahrheit machen wird.

Indessen kann uns eine Tatsache beruhigen, die eigentlich mit den aller idealistischsten Theorien übereinstimmt. Die Gewalt auf Erden hat um so mehr abgenommen, als das Recht zunahm. Wohl ist die Ära der Gewalt noch nicht abgeschlossen; aber alles in allem genommen, für das Privatleben, in den kommerziellen Beziehungen, in einem sehr weiten Sinne auch für das internationale Leben ist die Sicherheit durch Gesetz die Regel, während sie noch vor kurzem Ausnahme war; und gerade weil der Friede unter den Individuen, den Handelsinteressen, den Nationen schon einen wohlgegründeten Zustand darstellt, fühlen wir ihn schon nicht mehr und erschrecken nur bei eintretenden Störungen des Gleichgewichts.

Wenn also die Unvollkommenheit des gegenwärtigen Rechtes, ja die Anarchie, die noch in gewissen menschlichen Beziehungen herrscht, Gewaltexplosionen entschuldigt oder hie und da sogar unvermeidlich erscheinen läßt, so werden diese Krisen doch immer seltener. Und merkwürdig genug, diese Konstatierung ruft einen Pflichtenimperativ hervor, den die Vernunft aus sich selbst nicht aufzustellen gewagt: Wir müssen mit allen Kräften zur Ära der Gewaltentsagung vordringen, denn wie jedes andere Werk vollzieht auch sie sich nicht automatisch. Wir müssen das hoffnungsvolle Werk der Zivilisation zu Ende führen, die nationalinternationale Zentrale ausbauen, in der ein immer vollkommeneres Recht, ununterbrochener Überprüfung und Anpassung an den Zeitgeist zugänglich, seines Amtes walten und wo die Gewalt als absurd und unfruchtbar verworfen, endgültig abgesetzt werden wird.

* * *

Maurice Ajam, Mitglied des französischen Parlaments.

Die Gesellschaften können so wenig als die Individuen im Zustand absoluten Friedens leben. Die Feindschaft um Lebenserhaltung (siehe Darwin) und der Zusammenschluß um Lebenserhaltung (siehe Krapotkin) sind zwei einander widersprechende Bedingungen, aber gleich notwendig für das soziale Dasein. Indem Auguste Comte im Grunde der menschlichen Natur den Parallelismus egoistischer und altruistischer Instinkte klarlegte, hat er die Synthese der beiden Auffassungen gezeigt.

In der Geschichte der Zivilisationen löst der altruistische Friede die selbstsüchtige Gewalt ab. Der stets sehr langsame Fortschritt, den es aber trotz der Verneinung einiger Philosophen doch gibt, besteht in der Ausbreitung des Friedens in der Einschränkung der Gewalt.

Haß und Abneigung würden sich eher erschöpfen, wenn die führenden Geister einig wären — denn der wirkliche Diktator der Gesellschaft ist die öffentliche Meinung, und diese geht immer von der Elite aus. Nur die Geschichte zeigt den Kampf der intellektuellen Eliten, die vor nichts zurückweichen, um die soziale Vorherrschaft zu erobern. Die Revolutionen wurden immer durch Eliten gemacht, die nicht den ihnen gebührenden Platz einnahmen.

Der Positivismus sucht das Heilmittel gegen diese Anarchie in einem gemeinsamen Glauben, der die Kraft der Eliten vereinigte, denen die Massen folgten.

Ehe diese Vereinigung erreicht ist, die vielleicht erst die sozialen Katastrophen, denen wir entgegengehen, blutig besiegeln werden, ist es nicht müßig Palliative zu suchen für die Konflikte zwischen den Klassen, Körperschaften, Völkergemeinschaften durch Schiedsgerichte.

Der gerichtliche Prozeß ist ein Fortschritt gegen den Kampf im champ clos. Es handelt sich nur darum, ein Verfahren zu finden, das den Kräften, die reduziert werden sollen, entspreche. Der Staat ist mächtig genug, um die Individuen seinem Willen zu beugen, aber er ist es eben nicht immer den Kollektivitäten gegenüber, deren Stärke manchmal die seinige aufwiegt.

Zur Schlichtung kollektiver Konflikte müßte es zur Bildung eines so hohen, so uneigennützigen, so angesehenen Gerichtshofes kommen, daß er allüberall als der wirkliche Ausdruck der öffentlichen Meinung gelten könnte.

Das ist das Problem und die Lösung, mit der sich heute in allen Ländern die hervorragendsten Staatsmänner beschäftigen.

Sie sind, ohne es zu wissen, allesamt Positivisten, denn sie wollen empirisch das, was Auguste Comte systematisch wollte: der erneuten Menschheit ein neues Priestertum geben.

* * *

William H. Short, Sekretär der New-Yorker Friedensgesellschaft:

Wenn man unsere allgemeine Definition der Gewalt, nämlich die ungesetzliche Anwendung physischer Kraft annimmt, so wird man meiner Ansicht nach sagen müssen, daß es Umstände gibt, in denen sie völlig gerechtfertigt ist. Das „Vigilance Committee" hält die Ordnung in neuen Ansiedlungen durch die ungesetzliche Anwendung physischer Kraft aufrecht, und doch ist die Wirksamkeit eines solchen Komitees häufig notwendig gewesen. — Revolutionen nehmen gleichfalls zur Erreichung ihres Ziels zum ungesetzlichen Gebrauch physischer Kraft Zuflucht. Die französische und die amerikanische Revolution hatten dieses Kennzeichen gemeinsam. Unser alter amerikanischer Staatsmann Thomas Jefferson sprach wegen seiner übermäßig großen Furcht vor dem Anwachsen der Tyrannei in organisierten Staatswesen die Hoffnung aus, daß keine Generation vergehen möchte ohne eine Revolution gegen konstituierte Autorität. Im Lichte der Geschichte einer 125 Jahr alten Demokratie würde natürlich keine verantwortliche Persönlichkeit eine derart weitgehende Ansicht befürworten. Die Gefahr der Tyrannei ist jedoch noch nicht vorbei, und wir können sicher sein, daß die Notwendigkeit, zum ungesetzlichen Gebrauch der Gewalt Zuflucht zu nehmen, noch immer besteht.

Auch wenn man unter Gewalt sowohl die Anwendung gesetzlicher als auch ungesetzlicher Kraftmittel versteht, muß ich erwidern, daß sie meiner Ansicht in der Vergangenheit gerechtfertigt war und es auch in der Zukunft sein wird. Gäbe es keine Polizei und keine Gerichtshöfe, so müßten wir unsere privaten Streitigkeiten häufig auf diese Weise entscheiden.

Nur die völlige Ausgestaltung der Gesetze und des gerichtlichen Verfahrens enthebt uns dieser Notwendigkeit; nach dem gegenwärtigen Stand des Völkerrechtes bleibt, wenn sich zwei Nationen in Streit befinden und die eine sich weigert, die strittigen Punkte durch ein Schiedsgericht entscheiden zu lassen, keine andere Wahl übrig als zur Gewalt zu greifen: Mit anderen Worten, eine Handlungsweise kann gesetzlich sein, ja sogar einer Nation aufgezwungen werden, für welche dieselbe Nation ihre Untertanen zum Tode verurteilen würde, wenn diese bei der Schlichtung ihrer privaten Streitigkeiten dieselbe Handlungsweise anwendeten. Dieser Zustand kann nur durch die Errichtung internationaler Gerichtshöfe und die Ausgestaltung des gerichtlichen Verfahrens zwischen den Nationen eine Änderung erfahren.

Ich persönlich glaube, daß es für die Welt von großem Nutzen wäre, sogar eine internationale Polizei zu schaffen, welche für die Durchführung der Verfügungen internationaler Schiedsgerichte verwendbar sein würde. Daß dies bis jetzt bei solchen durch schiedsgerichtliches Verfahren geregelten internationalen Fragen noch nicht notwendig war, beweist nicht, daß dies auch in der Zukunft nicht nötig sein wird. Bisher haben die Nationen nur solche Fragen durch das Schiedsgericht regeln lassen, welche sie schiedsgerichtlich regeln lassen wollten. Wenn wir in der Zukunft internationalen Frieden haben wollen, muß es irgendein System obligatorischen Schiedsgerichtsverfahrens geben, und dieses wieder zieht meiner Ansicht nach auch die Möglichkeit einer Durchführung der Verfügungen oder Entscheidungen des Gerichtshofes durch internationale Gewalt nach sich.

Mit einem Wort, die Bewegung für internationalen Frieden, welche jetzt so im Vordergrund des Interesses steht, ist meiner Ansicht nach völlig verschieden von der Arbeit, einen Weltzustand herbeizuführen, in welchem die Anwendung der Gewalt nicht mehr notwendig sein wird. Innerhalb der Nation besteht das heilige Recht auf Revolution (Zuflucht zu ungesetzlicher Gewalt), wo und wann immer Tyrannei sich die Herrschaft anmaßt. Während die Einsetzung von Gesetz und gerichtlichem Verfahren im internationalen Weltreich den Krieg (unregulierte und ungesetzliche Gewalt) ersetzen wird, ist keineswegs der Schluß zu ziehen, daß die Nationen es nicht zweckdienlich finden werden, für ein Mittel zu sorgen, das dazu bestimmt ist, eine widerspenstige Nation zum Gehorsam gegenüber den Verordnungen ihres höchsten Gerichtshofes zu zwingen.

* * *

Desdevises du Dézert, Dekan der philosophischen Fakultät von Clermont-Ferrand:

Wenn man den Menschen bloß als höheres Tier auffaßt, so ist der Kampf, der Streik, die Meuterei, der Krieg, mit einem Wort, das Gesetz des Stärkeren, ein für allemal das richtige.

Wenn man aber annimmt, daß der Mensch sich über die Tierheit erhoben hat, fähig, seinen geistigen und moralischen Wert zu steigern und über gewisse Gesetze der physischen Welt zu triumphieren, dann erscheinen all diese erwähnten Dinge nunmehr als Überbleibsel ursprünglicher Roheit und als wahres Entwicklungsgesetz der Menschheit erscheinen Friede und Ordnung.

Der heutige Zustand der menschlichen Gesellschaft zeigt aber das gerade Gegenteil. — Wie ist es nur möglich, daß es soviel H a ß geben kann? Religionen, die einander hassen, Völker, die einander zu vernichten wünschen, Parteien, Personen, die sich gegenseitig verfolgen, verleumden, betrügen. Die Menschheit als Masse ist sinnlos und widerlich. Aber ebenso sinnlos wäre es, zum Menschenfeind zu werden, denn ein jeder kennt köstliche Einzelmenschen, die mit der menschlichen Gattung aussöhnen.

Auch sollte der Wert einer menschlichen Gruppe darnach berechnet werden, wieviel edle Persönlichkeiten sie umfaßt. Diese Menschen — die der Keimpilz des Fortschritts sind, waren nie zahlreich genug; alles was heute noch undurchführbar scheint, würde möglich, wenn sie einmal zahlreich genug wären.

Aber was tun, um diese Hervorragenden, diese Ausnahmemenschen weniger ausnahmsweise zu machen?

Hier liegt für mich die große offene Frage.

* * *

A. Keufer, Generalsekretär des französischen Gewerkvereins der Buchdrucker:

Die Gewalt wird ihre Rolle ausgespielt haben, wenn der Altruismus allgemein geworden sein wird, wenn menschliche Moral auch in die Politik Eingang gefunden haben wird. Unter Altruismus verstehe ich eine Art Patriotismus des Abendlandes; um ihn zu schaffen, wird es aber des Einflusses einer Lehre, einer neuen Religion bedürfen, welche die Geister und die Gefühle bändigt. Um einen so großen Umschwung herbeizuführen, der die Völker Europas, der ganzen Welt, so tiefgehend verwandeln soll, daß ein friedlich-industrielles Zeitalter anbrechen könnte, bedarf es der Kräfte des Herzens.

* * *

Dr. Draghicescu, Professor an der Universität Bukarest:

Die erste Gedankenassoziation, die Ihr Fragebogen erregt, ist der Kampf der beiden Begriffe, Recht und Kraft. Gewalt, das heißt Kraftanwendung. Und die meisten Ihrer Korrespondenten haben auch zu Recht den alten Konflikt zwischen Recht und Kraft behandelt. Aber dieser bedeutet eigentlich einen Konflikt zwischen zwei Rechten, die im gegebenen Augenblick zwei Kräfte werden. Und da der Stärkere nun einmal immer recht behält, handelt es sich nur darum, herauszubringen, w a r u m das Recht des Stärkeren immer das bessere ist, d. h., das wirkliche, das für die Gesamtheit zuträglichere.

Die Türken hatten für sich in Mazedonien und Thrazien das internationale positive Recht, das durch Eroberung legitimiert und durch viele Jahrhunderte zur Tradition geworden war. Die Bulgaren, die Serben und die Griechen hatten auch seit noch älteren Zeiten ein natürliches und ideales Recht an diese gleichen Landstriche, die von Rassenbrüdern bewohnt waren. Der Konflikt dieser beiden Reiche währt selbstverständlich seit der türkischen Okkupation. Die größere Kraft der Ottomanen aber gab dem ottomanischen Recht den Ausschlag. Der Augenblick kam, wo die Balkanvölker sich mit dieser Kraft messen zu können glaubten: der Gegensatz der beiden Rechte mußte nun mit der Vernichtung des schwächeren gelöst werden. Die Gewalt des Krieges mußte entscheiden, welches Recht das bessere, das richtigere und folglich das stärkere war.

War diese Lösung zu umgehen? Leider nein. Man konnte nicht wissen, ob das Recht der Muselmanen besser oder schlechter war als das der Balkanvölker. Der Konflikt zwischen diesen beiden Abstraktionen mußte auf die hier einzig mögliche Weise durch einen Kampf zwischen den Kräften, auf die die beiderseitigen Rechte sich stützten, entschieden werden. Hätte man vor dem Krieg ganz einfach die Regimenter, die Gewehre und die Kanonen auf beiden Seiten abgezählt, so hätte man daraufhin nicht entscheiden dürfen. Die Türken glaubten sich die Stärkeren, ebenso die Verbündeten. Hätte Europa entscheiden sollen, auf welcher Seite die Stärke, so hätte es, bloß nach den Ziffern zu schließen, wahrscheinlich den Türken die Überlegenheit und also das Recht zuerkannt. Mit dem besten Willen hätte ein europäisches Schiedsgericht den Balkanvölkern nicht das Recht zuerkannt, daß sie sich mit den Waffen erkämpften. Und nun die Tatsachen sprechen, sieht man auch von einem höhern und menschlichen Standpunkt ein, daß das Recht der erstarkten Verbündeten das gute gewesen ist.

Aber ist diese kriegerische Gewalt, so nützlich und billig sie sein mag, auch der Zivilisation und dem Fortschritt günstig? Diese Frage ist noch leichter zu beantworten. Die Türken bewohnen seit Jahrhunderten reiche, fruchtbare Gegenden, ohne doch davon den möglichen Nutzen zu ziehen fähig zu sein, zum eignen und allgemeinen Vorteil. Dies wunderbare Konstantinopel, der Bosporus, dieser unvergleichliche Winkel Europas, der auf Erden seinesgleichen nicht hat — man stelle sich doch vor, was die Deutschen oder Franzosen oder selbst die Balkanvölker wirtschaftlich daraus gemacht hätten! Es steht fest, daß die Sache der Ottomanen nicht die des Fortschritts und der Zivilisation ist. In diesem Fall also war Gewalt sehr wohl ein Mittel des Fortschrits und ihre Folgen werden Mittel der Zivilisation sein.

Was von den Konflikten der Völker gilt, findet genau auch auf diejenigen zwischen den Klassen Geltung. Anders steht es um individuelle Konflikte — Duell und dergl. Es könnte den Anschein haben, als wäre auch der junge, schöne und arme Mann berechtigt, den alten und reichen Gatten einer schönen Frau zu fordern und aus der Welt zu räumen und die Frau und das Geld sich anzueignen (siehe den Fall Tarnowska) — wie die jungen, schönen und starken Bulgaren *) es mit dem alten Türken taten.

Aber die Dinge liegen eben anders im privaten und im Völkerleben,

*) Ich als Rumäne sage das ungeachtet des Konfliktes, der momentan zwischen meinem Volk und dieser Nation besteht.

bloß weil das individuelle Leben von selbst seine nahe — allzunahe — Grenze findet, während Völker und Klassen ewig sind.

* * *

Dr. Scié-Ton-Fa, Präfekt von Nanking:

Ja, im Grunde meines Herzens verurteile ich jede Form der Gewalt. Doch leider müßte man im Zeitalter absoluter Gerechtigkeit leben! Wird dieses je kommen?

Ich spreche als Asiat, als Chinese. Jeder weiß, bis zu welchem Grad Pazifismus und schiedsrichterliches Prinzip in China ausgebildet sind. Aber die Welt gibt uns nicht das Recht, diesen Idealen zu leben! — Daher müssen wir fortan die Fähigkeit zur Gewalt in uns erstarken machen, um geachtet zu werden, denn wir wollen unsere Ehre bewahren — und für unsere Freiheit kämpfen. Die Erfahrung hat es uns leider gelehrt — — nur die fäustestarken Völker haben Anspruch auf die Unabhängigkeit, die für aufrechte Würde unentbehrlich ist.

* * *

Zusammenfassung.*)

Wir müssen bei den Antworten auf unsere erste Frage unterscheiden zwischen jener Auffassung, die die Gewalt für das beste Mittel der Schlichtung von Konflikten hält, und der gegenteiligen Ansicht.

Die erstere Überzeugung wird uns am klarsten von M. Ghaleb bey ausgedrückt, weshalb wir seine Antwort an die Spitze stellten.

Allerdings ist es ein allgemeines Gesetz, daß die schwachen Völker durch die starken unterjocht oder ausgelöscht werden. Aber hierunter sind nicht eigentlich militärisch „starke" Völker zu verstehen: in jeder Hinsicht starke, sozial starke. Die wenig militaristischen Vereinigten Staaten von Nordamerika haben weit mehr Expansionskraft als die stets im Kriege befindlichen südamerikanischen Republiken, wie z. B. Venezuela. Seine Bürger vertragen sich nicht, und das Land geht in Anarchie zugrunde. Nordamerika hat im Innern Frieden, weil alle Welt über die wichtigsten Punkte sich einig ist.

Die Militärgewalt ist ein Nichts, wenn hinter ihr nicht soziale Mächte stehen, die Fähigkeit, Disziplin zu halten, sich zu organisieren. — Dies die ungefähre Antwort der Engländer Lund und Robinson.

Nowikow ist der abgesagte Feind der Gewalt. Sie ist ihm ein Hindernis des Fortschritts. Wir stimmen ihm zu, daß der Straßenräuber den ruhig Arbeitenden stört. Aber um den Räuber unschädlich zu machen, bedarf es eines Gewaltangriffs. Auch Nowikow selbst unterscheidet zwischen urheberischer und reflektorischer Gewalt. Und diese letztere Gewalt erklärt er dem Fortschritt unentbehrlich. Dies bestätigt die oben angezogene These, daß die arbeitenden, intellektuellen, zivilisierten Kreise zur Abwehr von Parasiten physisch-rohe Gewalt zu ihrer Verfügung haben müssen.

Ich glaube, daß der interessanteste Teil der Antworten jener ist, in dem zur zunehmenden Einschränkung der Gewaltanwendung praktische Mittel angegeben werden. Hierzu gehört vor allem das Schiedsgericht. Gewiß

*) Von Herrn Paul Descamps, Sekretär der Société de la Science Sociale, dem wir auch für Ordnung der Antworten zu Dank verpflichtet sind. Siehe auch die Bemerkung auf Seite 5, Zeile 1 und 2.

könnte der Haager Gerichtshof in einer Reihe von Fällen nützlich werden — und ist es bereits geworden, aber eine Internationale Polizei wäre als seine rechte Hand unerläßlich.

Und auch zur Schlichtung privater Konflikte bedarf es noch in einem großen Teil der Welt gesetzlicher Einrichtungen. Schwindet doch, proportional zum Vordringen polizeilicher Organisation, in Amerika die Lynchjustiz. In Corsica besteht noch eben aus dem Grunde polizeilichen Versagens die Blutrache. In unseren zivilisierten Gegenden ist es noch nicht so lange her, daß die öffentlichen Gewalten nicht imstande waren, Recht zu schaffen, und fahrende Ritter sich die Aufgabe stellten, Unrecht zu ahnden und „Witwen und Waisen zu beschützen". In der Epoche des Cervantes war Don Quichotte eine lächerliche Figur, da Spanien zu jener Zeit schon regelrechte Gerichte besaß — einige Jahrhunderte früher wäre er es nicht gewesen.

Das Duell ist ein Überbleibsel jener fernen Epoche und wurde als solches einstimmig verpönt. Man weiß, daß es in den angelsächsischen Ländern, die von allen Schatten des Mittelalters sich als erste befreiten, völlig abgeschafft ist.

Die Sabotage als eigenmächtige Zerstörung der Produktionsmittel vergreift sich gar nicht, wie die Lynchjustiz, am lebenden Menschen, ist aber ebenso verwerflich, da ein defektes Werkzeug zur Personenbeschädigung führen kann.

Der Streik ist gerechtfertigt, insofern er nicht gewalttätig wird. Starke Gewerkvereine sind die beste Garantie gegen derlei Übergriffe, die nur das Eingeständnis der Schwäche sind. Aber hierzu bedarf es eben ähnlicher sozialer Tugenden wie zur Existenz starker Völker.

Dasselbe wie vom Streik gilt von den Revolutionen, von den Kriegen . . . Um nachhaltigen Gewinn zu bringen, um durch Schiedsgerichte ausgetragen werden zu können, bedarf es ausgebildeter sozialer Positiva, der Gewalt gegenüber steht nur die soziale Erziehung der Massen. Zwei Dinge werden der fortschreitenden Menschheit notwendig sein: 1. die soziale Erziehung, die die Kräfte der Disziplin und Zusammenarbeit entwickelt; 2. eine mächtige und klarsehende Kraftreserve zur Bändigung des für Erziehung unzugänglichen menschlich-tierischen Bodensatzes.

Das Schiedsgerichtsprinzip kann nur mit Segen auf gleichgut disziplinierte Parteien angewendet werden und muß von einer über den Parteien stehenden Macht unterstützt werden, immer bereit, seine Entscheidungen Tat werden zu lassen.

Aus dem Tätigkeitsberichte des Instituts für den internationalen Austausch fortschrittlicher Erfahrungen

Im Jahre 1907 wurden zur Vorbereitung in der öffentlichen Meinung zunächst die beiden Zeitschriften „Dokumente des Fortschritts“ in Berlin und „Les Documents du Progrès“ in Paris begründet, welchen wir, ermutigt durch den wachsenden Erfolg, drei neue Zeitschriften: Progress (London), Homaro (Madrid) und Szociálpolitikai Szemle (Budapest) als Organe unseres Vereines beigesellten. Wieweit es uns bisher geglückt ist, in diesen Zeitschriften und besonders auch in unserm deutschen Organe, den **Dokumenten des Fortschritts,** unser Programm zu erfüllen und unseren Lesern ein Bild der fortschrittlichen Weltentwicklung zu geben, mögen nachstehende Stimmen aus unserm Leserkreise bezeugen:

Maurice Faure, eh. französischer Unterrichtsminister: . . . „Ich lese die Dokumente des Fortschritts mit dem lebhaftesten Interesse. Ich würdige aus vollem Herzen diese mutige und fruchtbare Initiative.“

Geheimrat Wilhelm Ostwald, Groß-Bothen: . . . . „Die rapide Entwicklung der Verkehrsmittel hat die Folge gehabt, daß die ganze Menschheit gleichsam auf einen viel engeren Raum als bisher zusammengeschoben ist. Dadurch sind unzählige neue Berührungslinien entstanden, längs deren eine gegenseitige Anpassung notwendig wird. Für diese Arbeit haben sich die „Dokumente des Fortschritts“ als ein sehr wertvolles Werkzeug erwiesen.“

Dr. Wilhelm Ohr, Direktor des Nationalvereins für das liberale Deutschland, München: . . . „Ich liebe die „Dokumente des Fortschritts“. Jede einzelne Nummer gibt Anregung zum Denken und reichen Stoff zu politischer und sozialer Belehrung.“

Bertha v. Suttner, Wien: . . . „Eine große weltumfassende Idee liegt der Unternehmung „Dokumente des Fortschritts“ zugrunde. Es wird da das mächtigste Triebrad, das die Welt vorwärts bringt, in beschleunigte Bewegung gebracht. Überall an allen Ecken und Enden der Erde werden kleine und größere Fortschritte erreicht; die „Dokumente“ tragen sie zusammen, vermengen sie und verhundertfachen ihre Kräfte und ihren Wirkungskreis.“

Dr. André de Maday, Prof. a. d. Universität Neufchâtel: . . . „Wer immer unter all den fortschrittlichen Anregungen unserer Zeit diejenigen auswählen will, denen tatsächliche günstige Erfahrung, beweiskräftig für ihre Durchführbarkeit, zur Seite steht, findet in den „Dokumenten des Fortschritts“ eine reiche Sammlung wertvoller Fingerzeige. Die Zeitschrift scheint mir befähigt, ein Banner zu werden, um das sich die Freunde überlegten Fortschritts sammeln können.“

Reichstagsabgeordneter Dr. Eduard David, Berlin: . . . „Ich halte die „Dokumente des Fortschritts“ für eine nützliche Unternehmung, die die fortschrittlichen Geister aller Länder in befruchtenden Kontakt bringt.“

Dr. A. C. von Noe, Professor a. d. Universität Chicago: . . . „Die „Dokumente des Fortschritts“ dienen den vornehmsten Aufgaben unseres Zeitalters, nämlich der sozialen Gerechtigkeit und dem Weltfrieden. Beide Ziele können nur durch Aufklärung der weitesten Kreise und durch die Veredelung des sozialen Gewissens erreicht werden.“

Dr. John Mez, Freiburg: . . . „Dem Lesen von Zeitungen widmet der Mensch von heute sehr viel Zeit. Er erfährt aus der Tagespresse wohl, was in der Politik, in seinem Wohnorte oder im Gerichtssaal vorgegangen ist; sehr wenig aber und nur unter einem Schwulst von lokalen, vermischten und anderen Nachrichten versteckt, findet er über Entwicklungstendenzen und allgemeine kulturelle Fortschritte des politischen, sozialen, ökonomischen, technischen, künstlerischen und literarischen Lebens. Die Kenntnis dieser Vorgänge vermittelt in sehr sympathischer Weise die Zeitschrift „Dokumente des Fortschritts“.

Paul Deschanel, Präsident des französischen Parlaments: . . . . „Ich bin froh, daß mir eine Gelegenheit geboten wird, vor aller Welt zu sagen, wie gut ich von den Dokumenten des Fortschritts denke. Die Zeitschrift entspricht einem wahren Bedürfnis. Ihre Aufsätze und ihre Enqueten über die großen Fragen, die unsere Zeit bewegen, sind von hohem Werte für die Aufklärung der öffentlichen Meinung.“

Bund für Organisierung menschlichen Fortschritts

Hauptbureau: 59, Rue Claude Bernard, Paris

Die Mitglieder des Bundes erhalten — für einen Jahresbeitrag von 5 Mark — mehrere Nummern des Bundesorgans „Dokumente des Fortschritts" sowie sämtliche vom Bunde ausgegebenen Broschüren.

Um die Ziele des Bundes zu konkreter Veranschaulichung zu bringen, seien im nachstehenden einige jener Bestrebungen genannt, welche er als Anwendungen seines Grundgedankens organischen Menschheitsfortschritts betrachtet, welche er mit allen ihm zu Gebote stehenden Aktionsmitteln fördern will:

1. Planmäßige Fürsorge für Gesundheit und Veredelung der Rasse. — Bau billiger und gesunder Volkswohnungen — Gartenstadtbewegung. — Tuberkulosebekämpfung. — Gesetzgebung zur Bekämpfung der Trunksucht durch Verbot besonders schädlicher alkoholischer Getränke (nach dem Beispiel des Schweizer Absinthverbotes). — Pflege gesundheitsfördernder Sportsübung innerhalb entsprechender Grenzen. — Bekämpfung der Rauch- und Staubplage. — Arbeiterschutzgesetzgebung, um die Gesundheitsgefährdung der Arbeiter, besonders auch der Frauen und der Kinder, durch überlange Arbeitszeit, Gebrauch gesundheitsschädlicher Substanzen (Phosphor usw.) zu verhindern.

2. Fürsorge für geistige Heranbildung der Massen. — Unentgeltlichkeit des Unterrichts, unentgeltliche Verabreichung der Lehrmittel, warmes Frühstück, warme Beschuhung und Bekleidung an bedürftige Kinder (wie in Frankreich). — Stipendienerteilung an alle begabten Volksschüler, um ihnen den Besuch höherer Schulen zu ermöglichen (wie in Neuseeland). — Volkshochschulen (wie in Norwegen und Dänemark).

3. Verbesserung der sozialen Konstitution der Völker durch eine von wissenschaftlichen Gesichtspunkten geleitete Politik sozialer Reformen, durch planvolle Verstaatlichung und Verstadtlichung der hierfür reifen Produktionszweige. — Förderung der Genossenschaftsbewegung.

4. Bewegung für Ersatz des Faustrechtszustands zwischen den Völkern durch ein Rechtssystem, analog der Überwindung des Faustrechtszustandes zwischen den Individuen durch Ausbildung eines Zivil- und Strafrechts, wie sie die vergangenen Jahrhunderte gebracht haben; Förderung der Bewegung zur Schaffung internationaler Gesetzgebung, Verwaltung und Gerichtsbarkeit.

5. Heranziehung aller Talente in der Frauenwelt durch Erweiterung der Frauenbildung und Wegräumung aller Hindernisse, welche der Berufsbetätigung der Frau auch auf höchsten geistigen Stufen entgegenstehen; Heranziehung der Frauen als Wählerinnen und Gewählte zum politischen Leben, um dieses so durch ihre spezifische Kompetenz für pädagogische und humanitäre Fragen, ihre Betonung altruistischer Gesichtspunkte zu bereichern.

6. Forschungs-Institute zum Zwecke systematischer Erweiterung menschlicher Erkenntnis; Förderung des technischen Fortschritts auf jede, den öffentlichen Körperschaften mögliche Weise.

7. Heranziehung moderner wissenschaftlicher Gesichtspunkte zur Reformation des Strafrechts (Jugendgerichte, bedingte Verurteilung, lebenslängliche Anhaltung von Gewohnheitsverbrechern.

Wer diese Ziele fördern, wer eine zentrale Kraftstelle für internationale Kulturpolitik schaffen will, trete unserem Bunde bei!

FSC
www.fsc.org
MIX
Papier | Fördert gute Waldnutzung
FSC® C083411

Kolibri 360 GmbH
Ferdinand-Jühlke-Straße 7
99095 Erfurt, Deutschland
produktsicherheit@kolibri360.de